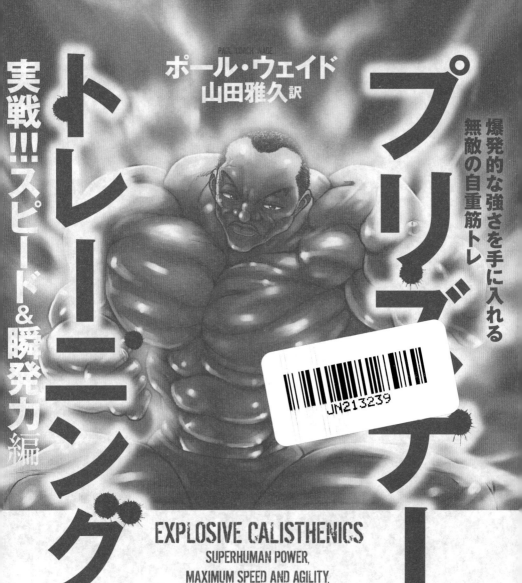

ポール・ウェイド
山田雅久 訳

プリズナー
トレーニング
実戦!!!
スピード＆瞬発力編

爆発的な強さを手に入れる
無敵の自重筋トレ

EXPLOSIVE CALISTHENICS
SUPERHUMAN POWER,
MAXIMUM SPEED AND AGILITY,
PLUS COMBAT-READY REFLEXES—
USING BODYWEIGHT-ONLY METHODS

CCCメディアハウス

〝フィットネス界最大の革新者〟
ジョン・デュ・ケインに捧げる

免責事項：本マニュアルの著者および発行者は、本マニュアルに含まれる指示に従うことによって発生したいかなる損害についても一切責任を負いません。情報提供のみを目的にしてここに記載されている身体的およびその他の活動は、一部の読者にとって非常に激しいものであり、また、危険である可能性があります。読者は、それらに取り組む前に医師に相談する必要があります。

**EXPLOSIVE CALISTHENICS**

Copyright © 2015 Paul"Coach"Wade

Published by Dragon Door Publications

Little Canada, MN 55117, USA

www.dragondoor.com

Japanese translation rights arranged with Dragon Door Publications, Inc., Minnesota

through Tuttle-Mori Agency, Inc., Tokyo

# FOREWORD
## まえがき

　卓越したフィットネスライターの文章はあなたの手首をつかむ。そして、ヒトとして優れているとはどういうことかを教えるために未知の世界へと引っ張っていく。あなたが定めた身体的限界を打ち砕き、こうなりたいと憧れる〝自己〟に向かって高く跳ぶように促す。可能性の扉を開き、大きな夢に挑ませようとする。

　こういったフィットネス分野における類まれな書き手は、あなたを、その他大勢の群れから引き離そうとする──「強く、健康的に生きる」という生涯を通じてのゲームのサバイバー、そして勝者になるために。しかし、彼らは、あなたの心に火をつけるだけではない。実証済みの方法、秘密、科学、知恵、青写真、そしてプログレッション──愚直な一貫性と工夫を用いて取り組めば、だれであろうと間違いなくその夢に到達する手段──を教えてくれるだろう。

　こういった書き手は、わたしたちの魂を揺さぶり、わたしたちの内臓を鷲掴みするような声を響かせる。彼らは自身を誠実に表現しようとする芸術家であり、彼ら自身の心の底から湧き出る声に深く共鳴している。だから、彼らが書く文章のすべてに、あなたは絶対的な真実を感じ取ることができる。

　さて、言うまでもないことだが、わたしをそこまで揺るがした書き手を挙げるのに、両手の指すべてを必要とはしない。あなたをそこまで揺るがした存在もそう多くはないはずだ──そのような書き手は、その分野でもっとも象徴的なアスリートである、たとえばマイケル・ジョーダンのようにまれな存在と言える。

　もし、神が、わたしの右手の人差し指以外の指をすべて切り落とし、フィットネス界でもっとも偉大な書き手が誰か聞いたとしたら？　わたしは、ナノセコンドのスピードで、ポール・ウェイドを指差すだろう。

わたしには、フィットネスライティングの世界を知り尽くしているという自負があった。しかし、2008年9月にポールの『プリズナートレーニング圧倒的な強さを手に入れる究極の自重筋トレ』(以下、『プリズナートレーニング1』)に初めて目を通したとき、あまりの興奮に、皮膚から飛び出しそうになったものだ。それまでのわたしの自信を粉砕するだけでなく、すべてを超えていて、フィットネス界の地平を大きく変えてしまう内容だったからだ──そして、確かに、それが起こった! 国際的なベストセラーになった『プリズナートレーニング1』は、過去から受け継がれてきた自重力エクササイズを今の世界に復活させた最大の功労者であり、最大の扇動者だったと主張しても言い過ぎにはならないだろう。

　次の『プリズナートレーニング 超絶!!グリップ&関節編 永遠の強さを手に入れる最凶の自重筋トレ』(以下、『プリズナートレーニング2』)は、自重力エクササイズのオーソリティとしてのポールの地位を確立することになった。さらに、このイクスプローシブ・キャリステニクスが、次のドアを吹き飛ばし新しい世界へあなたを引っ張っていくことに疑いの余地はない。

　イクスプローシブ・キャリステニクスがエキサイティングなのはなぜか? それは、たぶん、ジャングルでサバイバルするための法則に男たちを引き戻すからだ。「最強の者だけが生き残る」のではない。それでは足りない。「最強で、最速で、もっとも俊敏、もっともパワフルで、爆発力を備えた者が生き残る」のだ。そのためには、完璧な〝身体〟を手に入れるしかない。

　伝統的な武術は、身体を完全な〝パッケージ〟にする重要性をいつの時代も説いてきた。強いだけでなく、爆発力を持ち、回復力に秀で、関節、腱、筋肉、器官、神経系のすべてのコンディションが整っていなかったら、未知の敵をどうやって〝倒す〟というのか。本物のアスリートも変わらない。俊敏な動作、目が眩むようなスピード、爆発的なパワー ──それらを、意思一つで自由自在に操る者がゲームを支配することになる。

武道家として、アスリートとして、また、別の分野であってもいいのだが、どうしたら秀でた存在になれるのか？　基礎を絶え間なく固めていくことでそうなっていくのだ。〝動作〟をマスターするために必要なスキルを、絶え間なく練習することでそうなっていくのだ。中途半端で一貫性のないやり方や、モンスターに変身させるという特殊な「ハック」を使っても、そうなれるわけはない。〝現実的〟にアプローチするしかない。

　このマニュアルでは、まず、パワーの獲得に集中することで土台を築いていく。その上で、より野心的な動作をマスターするためのスキルを学んでいく。それが完全な〝パッケージ〟へとあなたを変えていく。それは〝強く、健康的に生きる〟というゲームにおけるサバイバーそして勝者になるためのものにもなるだろう。

　このマニュアルは、あなたの夢に火をつけるだけでなく、完璧な設計図と、その夢を現実のものにするために必要なプログレッションを提供するものでもある。あなたがいて、そこに完璧なパッケージ──ステップバイステップで進むためにレイアウトされたプログレッション──がある。ほかに何か必要なものがあるだろうか？

　ポール・ウェイドのこの才能はありえないものだとわたしは思う──知恵と真の実用性──称賛に値するオーソリティ──明快さ。わたしジョン・デュ・ケインが実はポール・ウェイドではないかという長く続いた噂があった。わたしが人知れず『プリズナートレーニング１』を書き、それを売るために一連の話をでっちあげたという。おもしろすぎる！　もしわたしにそれだけの創造力があったら編集者などしていないし、どれほどすばらしいことだったろう！

　『プリズナートレーニング』シリーズの最初の２巻によって、世界中の何十万人もの人たちが以前より強く健康になったことをわたしは知っている。その話を聞き、それについて考えることは、いつもわたしにとってのすばらしい時間になる。ポールのメッセージを世に出す助けができたことだけがわた

**まえがき**　　5

しにとっての誇りなのだ。

　さて、度胸があって、意志とそれを手に入れるための不屈の精神を持つ人のために、次のステージであるイクスプローシブ・キャリステニクスが公になった。強く健康であるだけでなく、完璧な〝パッケージ〟に昇格するチャンスの到来だ。そうなりたいなら、そのためのマニュアルがここにある。

ジョン・デュ・ケイン
Dragon Door Publications CEO

筋力系キャリステニクスは、アメリカの監獄内で伝統的に受け継がれてきたトレーニング法だ。粒子が粗いこれらの写真は1939年のもので、ヘルス＆ストレンチマガジンの『サン・クエンティンでのトレーニング』という記事からの抜粋。表紙の左右の写真では、囚人たちがチームになって離れ業を演じている。下はキャリステニクスクラブの集合写真。右端に立っている筋肉質のアスリートが漸進的キャリステニクスの真の〝父親〟だ。ずいぶん若いが、見間違いようがない。わたし（ポール・ウェイド）のメンターであるジョー・ハーティゲンその人だ。

# DISCLAIMER!
# おことわり

健康を損ねるようなフィットネスや強さであっては意味がない。適切なトレーニングであれば、健康、フィットネス、強さは、手を取り合いながら望ましい方へと向かうものだ。この本では、トレーニングを安全に行うことの大切さと、そのために必要な技術を伝えるために、あらゆる努力を払っている。しかし、トレーニー（トレーニングをする者）の体は、各々異なっている。求めるものもさまざまだ。最新の注意を払い、自己責任のもとにトレーニングを進めてほしい。この警告は、パワートレーニングや高速エクササイズにトライするときは特に心してほしい。そこには常に、重大なケガや、さらに深刻な事態が起こるリスクが存在するからだ。あなたには、自身の体を気遣う責任がある。また、どんなトレーニングプログラムであろうと、それを始める前に、医師に相談するよう、あらゆる医療専門家がアドバイスしている。何よりも安全第一に！

この本は楽しんでもらうことを目的にしている。伝記でもない。本書に登場する個人名、経歴および状況は、部分的あるいは完全に変更されている。しかし、本書のすべての運動原理（技術、システム、イデオロギー）があなたの役に立つであろうことを、著者は信じている。あなたにとってのベストを目指してほしい。

# PRISONER TRAINING

爆発的な強さを手に入れる無敵の自重筋トレ

## プリズナートレーニング 実戦!!! スピード&瞬発力編

## CONTENTS

# CONTENTS

**FOREWORD**
まえがき ........................................................................ 3

**DISCLAIMER!**
おことわり ...................................................................... 8

## PART 1
## パワー、スピード、アジリティ
POWER, SPEED, AGILITY

### CHAPTER 1
**POWER UP! THE NEED FOR SPEED**
**パワーアップ！　そこにはスピードが欠かせない**

　〝イクスプローシブ・キャリステニクス〟とは何か？ ..................... 24
　筋力×スピードで動く能力。それがパワーだ。 ........................... 24
　機能的スピードとは、短い距離内で全身をすばやく動かす能力を指す ..... 27
　アジリティとは、体が向かう先をすばやく調和的に変える能力だ ......... 28
　それが反射というものだ ............................................... 30
　消灯！ ................................................................ 32

# CHAPTER 2
EXPLOSIVE TRAINING
FIVE KEY PRINCIPLES
## イクスプローシブ・キャリステニクス
──5つの原則──

- 自重力を使う ─── 34
- スパルタ戦士のように ─── 37
- 全身を対象にトレーニングする ─── 39
- 少数エクササイズに集中する ─── 40
- 漸進的に難度を高めていく ─── 41
- 消灯！ ─── 43

# CHAPTER 3
HOW TO USE THIS BOOK CORE CONCEPTS AND ANSWERS
## このマニュアルの使い方
──コンセプトと質問集──

- イクスプローシブ6 ─── 44
- 10ステップ ─── 46
- マスターステップ ─── 47
- その先へ──スーパー・アドバンスト・テクニック ─── 49
- 監房内ドリル ─── 49
- PART 3　プログラミングについて ─── 51
- 消灯！ ─── 52

# PART 2
# ジ・イクスプローシブ 6
THE EXPLOSIVE6

## CHAPTER 4
POWER JUMPS ADVANCED LEG SPRING
### パワージャンプ
──脚に備わるバネを進化させる──

- パワージャンプを分解する ──── 55
- パワージャンプチェーン ──── 59
  - STEP1 ストレートホップ ──── 62
  - STEP2 スクワットジャンプ ──── 64
  - STEP3 バーチカルリープ ──── 66
  - STEP4 ブロックジャンプ ──── 68
  - STEP5 ブットキックジャンプ ──── 70
  - STEP6 スラップタックジャンプ ──── 72
  - STEP7 タックジャンプ ──── 74
  - STEP8 キャッチタックジャンプ ──── 76
  - STEP9 スレッドジャンプ ──── 78
  - THE MASTER STEP STEP10 スーサイドジャンプ ──── 80
- その先へ ──── 82
- 監房内ドリル ──── 85
- 消灯！ ──── 89

# CHAPTER 5

POWER PUSHUPS STRENGTH BECOMES POWER

## パワープッシュアップ
### ──筋力にスピードを乗じてパワーにする──

パワープッシュアップを分解する ──────────────── 91

- STEP1　インクライン・ポップアップ ─────────── 98
- STEP2　ニーリング・プッシュオフ ──────────── 100
- STEP3　ポップアップ ──────────────────── 102
- STEP4　クラップ・プッシュアップ ──────────── 104
- STEP5　チェストストライクプッシュアップ ──────── 106
- STEP6　ヒップストライクプッシュアップ ───────── 108
- STEP7　コンビクト・プッシュアップ ───────────── 110
- STEP8　ハーフ・スーパー ───────────────── 112
- STEP9　フルボディ・ポップアップ ──────────── 114
- THE MASTER STEP STEP10　ザ・スーパーマン ───── 116

その先へ ────────────────────────── 118

監房内ドリル ──────────────────────── 121

消灯！ ───────────────────────────── 125

# CHAPTER 6

KIP-UPS KUNG FU BODY SPEED

## キップアップ
### ──クンフーマスターのスピードを──

キップアップを分解する ─────────────────── 127

- STEP1　ローリングシットアップ ───────────── 132
- STEP2　ローリングスクワット ────────────── 134
- STEP3　ショルダーポップ ───────────────── 136
- STEP4　ブリッジ・キップ ───────────────── 138
- STEP5　ブットキップ ─────────────────── 140
- STEP6　ハーフキップ ─────────────────── 142
- STEP7　キップアップ ─────────────────── 144
- STEP8　ストレートレッグ・キップアップ ───────── 146
- STEP9　ウーシューキップアップ ───────────── 148
- THE MASTER STEP STEP10　ノーハンド・キップアップ ── 150

その先へ ────────────────────────── 152

監房内ドリル ──────────────────────── 156

消灯！ ───────────────────────────── 160

# CHAPTER 7
## THE FRONT FRIP LIGHTNING MOVEMENT SKILLS
# ザ・フロントフリップ
## ──光の速さを身につける技術──

フロントフリップを分解する ─────────────────── 162
フロントフリップチェーン ─────────────────── 164

STEP1 ショルダーロール ─────────────────── 166
STEP2 プレスロール ─────────────────── 168
STEP3 ジャンプロール ─────────────────── 170
STEP4 ハンドスタンドロール ─────────────────── 172
STEP5 バックドロップハンドスプリング ─────────────── 174
STEP6 フロントハンドスプリング ─────────────────── 176
STEP7 フライスプリング ─────────────────── 178
STEP8 バックドロップフリップ ─────────────────── 180
STEP9 ランニングフロントフリップ ─────────────────── 182
THE MASTER STEP STEP10 フロントフリップ ─────────────── 184

その先へ ─────────────────── 186
監房内ドリル ─────────────────── 190
消灯！ ─────────────────── 194


# CHAPTER 8
## THE BACK FRIP ULTIMATE AGILITY
# ザ・バックフリップ
## ──究極のアジリティ──

バックフリップを分解する ─────────────────── 196
バックフリップチェーン ─────────────────── 199

STEP1 リアショルダーロール ─────────────────── 202
STEP2 リアプレスロール ─────────────────── 204
STEP3 ブリッジキックオーバー ─────────────────── 206
STEP4 サイドマカコ ─────────────────── 208
STEP5 バックマカコ ─────────────────── 210
STEP6 フルモンキーフリップ ─────────────────── 212
STEP7 バックハンドスプリング ─────────────────── 214
STEP8 ワンアーム・バックハンドスプリング ─────────── 216
STEP9 4ポイントバックフリップ ─────────────────── 218
THE MASTER STEP STEP10 バックフリップ ─────────────── 220

その先へ ─────────────────── 222
監房内ドリル ─────────────────── 225
消灯！ ─────────────────── 228

# CHAPTER 9
## THE MUSCLE-UP OPTIMAL EXPLOSIVE STRENGTH
## マッスルアップ
### ──瞬発力を最適化する技術──

- マッスルアップの利点 ──────────────── 230
- マッスルアップを分解する ─────────────── 231
- マッスルアップチェーン ──────────────── 236
  - STEP1　スイングキップ ─────────────── 238
  - STEP2　ジャンピングプルアップ ─────────── 240
  - STEP3　キッピングプルアップ ──────────── 242
  - STEP4　プルアップホップ ────────────── 244
  - STEP5　クラッププルアップ ───────────── 246
  - STEP6　チェストプルアップ ───────────── 248
  - STEP7　ヒッププルアップ ────────────── 250
  - STEP8　ジャンピングプルオーバー ────────── 252
  - STEP9　バープルオーバー ────────────── 254
  - THE MASTER STEP STEP10　マッスルアップ ───── 256
- ボーナスプログレッション：ディップ ──────────── 258
- ダブルディップ：イクスプローシブバリエーション ────── 267
- その先へ ────────────────────── 272
- 監房内ドリル ──────────────────── 275
- 消灯！ ─────────────────────── 278

## CHAPTER 10
### MAKING PROGRESS THE PARC PRINCIPLE
# いつステップアップするか？
## ──PARCの原則──

- イクスプローシブ6のトレーニング・ゴール？ ──────── 280
- ステップアップするタイミングを見極める──PARCを歩け ──── 284
- PARCを適用する ──────────────────── 286
- 消灯！ ─────────────────────── 288

## CHAPTER 11
### POWER AND SKILL TWIN TRAINING METHODOLOGIES
# パワーとスキル
## ──対を成すトレーニングメソッド──

- なぜ、トレーニング法が異なるのか？ ──────────── 289
- パワーとスキルのどちらに属するか？ ──────────── 292
- パワーとスキル：まとめ ──────────────── 293
- 消灯！ ─────────────────────── 295

## CHAPTER 12
POWER BUILDING THE RULE OF THREE AND THE RULE OF SIX
# パワービルディング
## ──3の法則、6の法則──

- ステップは、駆け上がるのではなく使い倒す ─── 296
- ケガをしないための防弾 ─── 297
- パワープログラミングの基礎理論 ─── 298
- 〝3の法則〟 ─── 298
- 〝6の法則〟 ─── 301
- 消灯！ ─── 307

## CHAPTER 13
SKILL DEVELOPMENT TIME SURFING AND CONSOLIDATION TRAINING
# スキルを開発するメソッド
## ──タイムサーフィンと強化トレーニング──

- タイムサーフィン ─── 310
- 強化トレーニング ─── 312
- 消灯！ ─── 314

## CHAPTER 14
SAMPLE PROGRAMS SESSION TEMPLATE
# サンプルプログラム
## ──セッションテンプレート──

- テンプレートではなく、プログレッションに焦点を当てる ─── 315
- ピュアパワー ─── 318
- 聖なるトリニティ(三位一体) ─── 320
- 四つ葉のクローバー ─── 321
- "25s" ─── 322
- 2デイスプリット ─── 323
- ザ・マッスルマン ─── 325
- ジョニー・クンフー ─── 326
- 消灯！ ─── 327

# BONUS MATERIAL
# ボーナスマテリアル

## BONUS SECTION 1
### ADVANCED SPEED TRAINING: "COACH" WADE'S TOP TEN TRICKS AND HACKS
### 高度なスピードトレーニング
### コーチウェイドの10のトリック＆ハック

- スーパースピード戦略 #1
  スピードサイクルをハックせよ！ —— 331
- スーパースピード戦略 #2
  グレツキーの法則を活用する！ —— 334
- スーパースピード戦略 #3
  五感を訓練する！ —— 335
- スーパースピード戦略 #4
  反射チャンネルを開発する！ —— 338
- スーパースピード戦略 #5
  プライオメトリックエッジを活用する！ —— 339
- スーパースピード戦略 #6
  体重を減らす！ —— 342
- スーパースピード戦略 #7
  健康的な関節をつくる！ —— 345
- スーパースピード戦略 #8
  バスケットボールを使って練習する！ —— 347
- スーパースピード戦略 #9
  スピードイリュージョンをマスターする！ —— 349
- スーパースピード戦略 #10
  速さについて考える！ —— 350
- 消灯！ —— 352

# BONUS SECTION 2

### ANIMAL AGILITY DRILLS

## アニマルアジリティドリル ———————————— 353

ACKNOWLEDGEMENTS **謝辞** ———————————————— 365

# PART 1

## パワー、スピード、アジリティ

### POWER, SPEED, AGILITY

# CHAPTER 1

## パワーアップ!
## そこにはスピードが欠かせない
### POWER UP! THE NEED FOR SPEED

自重力を使ってパワーとスピードを身につける技術。それをあなたに教えようとしているわたしはだれか?

真っ当な質問だ。わたしの名はポール・ウェイド。わたしが何者でないかを説明するおきまりの自己紹介をしたい。わたしは認定パーソナルトレーナーではない。だれもが知るチャンピオンでもない。もちろん、神経伝達とプライオメトリック過負荷についての論文を書いた科学者でもない(その話には少し感動したが)。

そういった人たちが書く本は書店にたくさん並んでいる。彼らを貶す気はまったくない。みんな固有の知識を持っている人たちだし、そのほとんどがわたしより優れている。わたしの話に価値があるとすれば、わたしが受けた教育が一風変わったものだったからだ。むしろ変わりすぎていたので、そこに少し価値があったようだ。わたしは、サン・クエンティン、ルイジアナ州立刑務所(南部のアルカトラズ)、マリオンといった監獄に伝わってきた自重力トレーニングを取り憑かれたように学んできた者だ。それも、20年にわたってだ。実は、これらの監獄は筋金入りの囚人ですら名前を聞いただけで震え上がるほどのところだ。なぜ、そんな場所を転々とするハメになったのか疑問に思うかもしれない。それは、ご禁制の品を所持するだけでなく、

その製造にかかわったかどで最初に捕まったこと、それに懲りずに、国境を越えて、くだんの品を流通させる商いに手を染めたことによる当然の報いだった。それは連邦犯罪だった。

今回の監獄話は、この辺でおしまいにしたい。この本は、監獄をグラディエーター養成所のように思わせるためのものではない。実際、彼らはそういった類の人たちではない。文字通り、悪党がほとんどだ。しかし、仲間さえ選べば、アメリカの監獄は依然として自重力トレーニングに関する優れた知識の源泉になり得る。そこには、ウエイトやマシンがない。囚人アスリートたちに許されているのは自分の体を使うことだけだからだ（古い時代の監獄ほどそういえるだろうが）。

過去10年間のわたしの使命は、稀有で有用なこの知識を、興味を持つかもしれない世界中のアスリートに伝えることにあった。わたしは相変わらず匿名のままでいることを選んでいるが、知的な人ならそれがなぜかを汲み取ってくれるだろう。わたしが犯した破壊的行為を過去に戻って修正することはできないし、随分時間が経ったとはいえ、今も表に出られない事情をたくさん抱えている。しかし、その暗黒時代から何か良いものを〝今〟にもたらせるとしたら——そう思って、これをやっている。

話が逸れた。大切なのは、体内で合成できない9種類の必須アミノ酸すべてについて語り、トレーニングに関する最新研究を教示してくれる専門家からの教えを期待していたら、間違った本を選んだことになる。とはいえ、ここからの数ページを辛抱して読んでくれることを願っている——そして、できれば、興味を持ってほしい。

それ以外、わたしが何者であるかをわかってもらえる方法があるだろうか？　わたしに運があれば、認定書を持つ人たちが見逃していることを、ひとつかふたつあなたに教えられるかもしれない。

CHAPTER 1　パワーアップ！　そこにはスピードが欠かせない　23

## WHAT ARE "EXPLOSIVE CALISTHENICS"?
# ˝イクスプローシブ・キャリステニクス˝とは何か？

このマニュアルは、3つの運動特質に焦点を当てている。

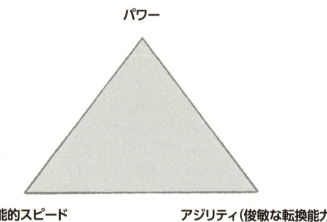

　それらを漸進的に身につけていくのがイクスプローシブ・キャリステニクスであり、この章では、以上3つの運動特質について説明していきたい。断っておきたいのは、これが、わたし独自の定義であることだ。あくまで実用面から定めたものであり、普段わたしが教えている内容に沿っている。だから、直接的で、理解しやすく、シンプルなものになっているはずだ（まさにわたしの性格そのものだ）。巷にある瞬発力トレーニングや、プライオメトリックトレーニングとは違うものであることを理解してほしい。

## POWER IS THE ABILITY TO MOVE WITH STRENGTH × SPEED.
# 筋力×スピードで動く能力。それがパワーだ。

　パワーという用語は、アスリートを混乱させる。筋力の同義語として誤って使われることが多いからだ。皮肉なことに、˝人間発電所˝と呼ばれる巨大な男たちが、小さなアスリートたちよりパワーに欠ける場合がある。ここでいう真のパワーが単なる筋力ではないからだ。それは、筋力とスピードがブレンドされたものだ。筋力そのものではなく、筋力をどれだけ速く使える

かという時間の概念が加わったところに真のパワーがある。

　筋力はパワーを必要としない。そう言ったらクレイジーに聞こえるだろう。しかし、それが真実だ。筋力のみを純粋に使うときは、スピードはゼロでもかまわない。大破したクルマの下から這い出ようとしている子どもを助けるために、そのクルマを持ち上げようとしているストロングマンがいたとする。凄まじい筋力が必要になる。しかし、パワーは必要としない。クルマは重いのでゆっくりとしか持ち上がらないし、動かす距離も短い。そこにはスピードという概念がない。従って、パワーも出ていない。

パワーを伴わない筋力動作は、自重力トレーニングにも多い。上の2つの技術は大きな筋力（バランス力は言うまでもないが）を必要とするが、動作に変化がないので、スピードは出ていない。そのため出ているパワーもゼロだ。

CHAPTER 1　パワーアップ!　そこにはスピードが欠かせない　25

次に、火を点けたロウソクの炎を数メートル離れたところからクンフーマスターに消してもらおう。使うのは裏拳だ。この離れ業には、並外れたスピードが必要になる。しかし、動いている腕には小さな負荷しかかかっていない——慣性に働きかけるだけでいい——ので、筋力の方があまり使われていない。従って、ここでもパワーがあまり出ていない。

真のパワーは、筋力にスピードを乗じた数値である。数値（パワー）が一定の場合、負荷が大きいと筋力が必要になる。そのとき、スピードはあまり出せなくなる。負荷が小さいと、筋力はあまりいらなくなる。そして、スピードが出せる。先のストロングマンとクンフーマスターの例からわかるように、あるドリルをやる上で必要になる筋力とスピードのバランスが悪いと、パワーを出す動作にはならない。パンチやキックといったスピードに重点を置いたドリルをやっていても、巨大なバーベルを動かすような負荷に重点を置いたドリルをやっていても、パワーの鍛錬にはならない。筋力とスピード

大きな負荷をすばやく移動するときには、パワーが必要になる。

の間にある〝中庸〟は、体を負荷にしてすばやく動かすときに可能となる。曲芸師やパルクールの熟達者のように重力に逆らって自在に動くこと——運動におけるパワーの本質はそこにある。

## FUNCTIONAL SPEED IS THE ABILITY TO MOVE THE BODY QUICKLY OVER A SHORT DISTANCE.
## 機能的スピードとは、短い距離内で全身をすばやく動かす能力を指す

奇妙に聞こえるかもしれないが、わたしは、〝純粋なスピード〟には興味がない。〝純粋なスピード〟とは何か？ 伝説的なオリンピックコーチであるアル・マレー監督は、こう語っている。

だれかがスピードについて、あるいは、世界最速のアスリートについて話すのを聞いていると、不正確な表現を用いている場合が多い。たとえば、数十マイルを記録的なタイムで走る男を「速い」と称するのは、実際には持久力について語っているので誤っている。短距離を走る、パンチを出す、キックする、跳躍する、回転したりひねったりするといった単一の動作が速いとき。それが、わたしにとっての〝スピード〟になる。

——アル・マレー『Modern Weight-Training』（1963）

スピードのトレーニングマニュアルを読むと、この考え方に偏りすぎているものがある——指でコインを弾いてそれをつかむ、他のアスリートが落とした物差しをつかむといった「隠し芸」めいたドリルを推奨してくるからだ。残念ながら、この種の〝純粋なスピード〟はあまり使い物にならない。我々は、体を全体的に動かしながら進化してきた。そして、四肢のどれか、または体の一部分を速く動かす必要性に迫られるときは、例外的な状況が多い。だから、わたしが興味を持つのも〝純粋なスピード〟ではなく〝機能的スピード〟だ。それは全身を可能な限りすばやく動かす能力を指す。

これは、体全体を光速で動かせるようになるためのマニュアルだ。現実の世界では——スポーツをやるときとか、サバイバル状況にあるときなど——体の一部分だけを速く動かせても十分ではない。想像してほしい。

CHAPTER 1 パワーアップ！ そこにはスピードが欠かせない 27

・障害物を飛び越える

・近寄ってくる敵からすばやく身をかわす

・兵士が射線（弾丸が飛んでくるアングル）を避けるためにダイビングする

・危機から脱するためにすばやく壁を乗り越える

・空中で体をひねり、安全に着地する

　これらが、運動時や危急時に必要となるスピードだ。どのシチュエーションにおいても体全体が動作している。このマニュアルを、体全体をできるだけ速く動かすドリルで構成したのもそのためだ（ここでわたしが〝スピード〟と言うとき、その〝スピード〟が〝パワー〟とオーバーラップしていることをわかってもらえるだろうか？　体には質量があるため、それをすばやく動かすときにはパワーが求められる）。

## AGILITY IS THE ABILITY TO ALTER THE BODY'S DIRECTION IN A RAPID, COORDINATED MANNER.
## アジリティとは、体が向かう先をすばやく調和的に変える能力だ

　現代的なプライオメトリックドリルにおける問題点は、パワーは開発するものの、アジリティ（俊敏な転換能力）を開発するものが少ないところにある。その結果、パワーばかりが突出した、アジリティ能力がないアスリートを量産している。ある方向へ爆発的に体を動かせるのだが、その爆発的動作を高速で方向転換することができない。方向を何度も変えたり、速度を増減するときには、連続的なアジリティ能力が必要になってくる。そのため、このマニュアルにはアジリティ能力を高くするドリルも入っている。

　たとえば、バックフリップ（後方宙返り、バク宙）だ。垂直方向へ空高く跳べたとしても（それはパワーそのものだ）、それだけではバックフリップは演じられない。なぜか？　後方回転にかかわってくる筋肉群を、空中でバランス、スピード、精度を加味しながら協働させたり、パワーが向かう先をすばやく調和的に変える技術が求められるからだ。神経系を介するこういったアジリティ能力が備わっていない限りバックフリップはできない。キップアップ、フロントフリップはもちろん、マッスルアップにもこの能力がある

パワーは、垂直ジャンプのように一方向に表現される。

アジリティ（俊敏な転換能力）はもっと複雑で、"スピード"をつける向きを変える必要がある（矢印は力の方向を示す）。

程度必要になる。

パワーは筋力と同じようにシンプルな鍛え方ができる。一方、アジリティ能力を磨くときは、スキルを磨くときと同じように〝繰り返す〟トレーニング法を用いることになる。Part 3 では、パワーとアジリティ（スキル）の違いについて説明し、アジリティ能力を得るために必要なトレーニング法についても説明している。

## IT'S ALL IN THE REFLEXES
# それが反射というものだ

3つの運動特質に焦点を当てていくと先ほど言ったが、第4の運動特質ともいえる〝反射〟についても触れていこうと思う。反射も間違って使われやすい用語であり、どこか防御的なイメージがある。たとえば、パンチを避ける、飛んでくる矢をつかむといった、急接近してくる対象物に反応する能力として表現されることが多い。これはまったく正しくない。実際の反射は、そこまで映画じみたものではない。もっと基本的な生理作用であり、特定の刺激に対する無意識的な反応を指している。

たとえば、階段を降りているときに、誤って段を踏み外したとする。そこで顔から落ちるか、無意識的に脚で着地するかを左右するのが〝反射〟だ。反射は意識を迂回するため、意識よりも速く反応する。神経系から直接くるものだからだ。あまりにも速く何かが起こるとき、意識ではそれに反応できない。そういった場を担当するのが〝反射〟であり、何千もの瞬間的な計算と再調整を行い、体を安全な状態に保とうとしてくれる。

階段を踏み外しただけで反射が起こるとしたら、ハンドスプリング（手を使って行う前方宙返り）やフリップをやるときの〝反射〟はどれほど難しいことをやってのけているのだろうか？ ハンドスプリングでは、ちょうど良いタイミングで、腕にある神経系をたくさん発火させることになる。フロントフリップで安全に着地するときもたくさんの神経系が発火しているだろう。

30

　話をまとめると、高いレベルのパワー／スピード／アジリティ能力がほしいなら、反射もそれらと同レベルまで高める必要があるということだ。反射の多くは先天的なもので無条件反射と呼ばれることがある。しかし、異なるシチュエーションにおいて、より効率的に反応できるよう——これは〝条件付き反射〟と呼ばれる——反射神経を磨くこともできる。たとえばハンドスプリングをやるときは、意識的に直線的なパワーを発動させる。しかし、そこから技術をフィニッシュさせるまでに、無意識的にやらなければならないタスクがたくさんある——それらは、心で処理できる速さを超えている。この心で処理できる速さを超えたタスクは、練習を重ねることで〝反射〟が自然にこなしてくれるようになる——つまりは、ドリルを繰り返せ！ ということになる。

　この本で紹介するドリルをやっていれば、〝反射〟が、知らない間に進化していく。飛んでくる矢をつかむ危険な修業をやらなくても、忍者になれるということだ。

# LIGHTS OUT!
## 消灯!

　ジムでトレーニングするアスリートは筋力をつけていくが、本物の運動能力と若々しい動作を手に入れることはできない。3つの運動特質――パワー、機能的スピード、アジリティ能力――を開発する方法を知らないからだ（〝反射〟もまた大切な要素だが、先の3つを開発することで自然に磨かれていく）。

　動くことができる人ならだれでも、3つの運動特質を進化させることができる――普通の人にとってそれは、野生動物とか、スーパーヒーローが登場するコミックでしか見ることができない類の能力だ。その力を得るには、現代的な筋力トレーニングを捨て、それらを得ることができる原則に基づいてトレーニングするしかない。その〝原則〟とはどんなものか？

　次章で説明しよう。

# CHAPTER 2

## イクスプローシブ・キャリステニクス
### ──5つの原則──
## EXPLOSIVE TRAINING　FIVE KEY PRINCIPLES

　監獄生活と決別した後、筋力や瞬発力をつけるために、世間でどんなトレーニングをやっているか見て回ったことがある。控えめに言ってもそこには混沌と退化しかなかった。パワーやアジリティ能力を得るために、何世紀にもわたって使われてきた自重力トレーニング──たとえば、古式の拳法から引き継がれたメソッドなど──は影も形もなかった。代わりとなっていたのが、コーン、弾性バンドといった現代的な器具を使ってのトレーニングだった。

　そもそも、いわゆる瞬発力トレーニングをやっている人がとてつもなく少なかった。機能的スピードやアジリティ能力を必要とする、格闘技とかフットボールなどのスポーツをやるアスリートであっても、ルーチンに補足的に加えているだけ。ジムに搦め捕られたアスリートになると、その類のトレーニングは頭の片隅にもないように見えた。ウエイトやマシンによる外部荷重を用いたボディビルディング的動作を教えられ、分離させた筋肉（や、筋肉群を）を、ゆっくり、あるいは、なめらかなスピードで黙々と鍛える群れ。機能的スピードやアジリティはどこに？　と探し回ったものだ。パワー（筋力×スピード）を出すには、多くの筋肉をすばやく統合的に動作させる必要がある。筋肉を分離させ、しかもゆっくり鍛えることは、実際には、すばやく動かない筋肉系や神経系をわざわざつくっていることになる。以前、どこかで言ったことを繰り返そう。現代的なジムでのトレーニングは、アスリートをのろまにす

CHAPTER 2　イクスプローシブ・キャリステニクス──5つの原則──　　33

る！ ちょっと考えれば、筋が通った話であることがわかるだろう。

　トレーニングとは、外部荷重をゆっくり動かすことだ。このフィットネス観に肥満がプラスされ、だれも反論できない現実につながっている。わたしたちアメリカ人は、人類史上もっともスローにしか体を動かせず、しかも、反応が鈍い〝種〟になっているのだ。

　その道を行く必要はない。あなたの中には超高速で体を動かすことができ、爆発的なパワーを即座に発揮できた古代世界のハンターのDNAが保存されている。それを発現させるためのマニュアルがこれだ。このシステムには、それを支える無敵の原則が5つある。

・自重力を使う
・スパルタ戦士のように
・全身を対象にトレーニングする
・少数エクササイズに集中する
・漸進的に難度を高めていく

　『プリズナートレーニング』1と2でもお伝えしてきたことだが、それぞれを見ていきたい。

## USE BODYWEIGHT
# 自重力を使う

　なぜ自重力なのか？ 器具がない監房内で20年にわたってトレーニングしてきたから自重力をありがたがっているわけではない。自重力を強調するのは、どんな運動特質を開発する場合も、もっとも優れたアプローチ法になるからだ。

　最初の章で述べた3つの運動特質——パワー、機能的スピード、アジリティ能力——が高度なレベルに達しない限り、イクスプローシブアスリートとは言い難い。ところが、今のフィットネス界には、これらの運動特質を一

緒に伸ばしていくものがない。

　現代的な瞬発力トレーニングを、この本で伝えることになる自重力トレーニング（キップアップ、フリップ、マッスルアップ）と比較してみる。現代的な瞬発力トレーニングと言えば、以下の3つを思い浮かべるだろう。

・ボックスワーク（プライオメトリックボックスジャンプやボックスプッシュアップがある）
・コーントレーニング（屋外や体育館にコーンを置き、ジグザグに走るトレーニング法）
・オリンピックリフティング（スナッチ、クリーン、ジャークのようないわゆる「速い」リフティング）

　以上のトレーニング法が、イクスプローシブアスリートになるために必要な3つの運動特質をつくるものになるかどうかを確かめるために、質問を用意した。

──パワー：筋力とスピードを必要とする動作か？
──機能的スピード：体全体をすばやく動かす必要がある動作か？
──アジリティ能力：高速で方向転換する必要がある動作か？

| メソッド | パワー | 機能的スピード | アジリティ |
|---|---|---|---|
| ボックスワーク | ○ | ○ | × |
| コーントレーニング | × | ○ | ○ |
| オリンピックリフティング | ○ | × | × |

CHAPTER 2　イクスプローシブ・キャリステニクス──5つの原則──　　35

前ページの表をチェックしてほしい。これらの質問でスクリーニングすると、現代的な３ドリルが、どれも、〝完璧な〟瞬発力をつくるものではないことがわかる。

・ボックスワーク（プライオメトリクス）は、重力に逆らって負荷（体重）をすばやく動かすのでパワーを増やす。全身を動作させることから機能的スピードもつく。しかし、アジリティの本質である、体の角度を変化させる動作が含まれていない。ボックスを上下するシンプルな動作かそのバリエーションになるからだ。このように、ボックスワークにはアジリティ能力を伸ばす働きがない。

・コーントレーニングは、体の向きをすばやく変えていく動作だ。そのため、アジリティ能力を向上させる。全身をすばやく動かすので機能的スピードもついてくる。しかし、重力に対してほとんど抗うことがない──ランニングとそれほど変わらない──ため、かかる負荷が体重そのものに留まり、パワーを培うものにはならない。このかかる負荷の低さが、学校の授業でコーンドリルが採用される理由のひとつになっている。安全性が高いし、身体が弱くても参加できるからだ。

・オリンピックリフティングはパワーをつける。大きな筋力をできるだけ速く使うことが求められるからだ。しかし、ウエイトを上下させるだけなので、体の向きがほとんど変わらない。そのため、アジリティ能力を培うものにはならない。また、足が、床の上か床に近い位置に留まるため、脚を使った移動がない。つまり、機能的スピード（全身を使ったすばやい動作）をつけるものにもならない。

　パワー、機能的スピード、アジリティ能力から成る爆発力。それは〝完璧な〟瞬発力と言ってもいい。それを一度に得ようとしても、以上の３ドリルにはどこか欠けるところがある。

　次に、このマニュアルにある４つのスキルベースの動作（キップアップ、フロントフリップ、バックフリップ、マッスルアップ）を見てみよう。

　これらのドリルでは、重力に抵抗することで大きくした負荷（体重）をす

ばやく動かすことになる──そのため、パワーを増やす。動かすのは全身だ
──機能的スピードがついていく。また、体を高速で方向転換しなければなら
ない──アジリティ能力も培われる（フリップやキップアップは、体を跳
ね上げ、回転し、着地するため、さまざまな方向に体を発火させることにな
る。マッスルアップで最初にやる〝キッピング〟にもすばやく向きを変える
動作が含まれている──キッピングの詳細については232ページを参照）。

　以上が、わたし独自の定義であることを、もう一度、繰り返したい。もっ
とも〝瞬発力〟が、パワー、機能的スピード、アジリティ能力で構成されて
いるとするのは一般的な考え方であり、わたし自身が実践することで納得し
たものでもある。アスリートたちを指導するときも、この考え方に基づいて
行う。しかし、あなた独自の基準を設け、違うドリルを選択してもらうのは
自由だ。

　わたしが他人のやり方──ウエイトリフティングなど──を貶しているの
ではないこともわかってもらいたい。ほかのやり方を否定しているのでも、
逆効果だと言っているのでもない。それぞれ、独自のフィールドで価値ある
効果を生むものだからだ。たとえば、ボックスジャンプは基本的なパワーを
培う。筋力アスリートなら、オリンピックリフティングから恩恵を受けるだ
ろう。コートトレーニングはサッカーやバスケットボールのようなスポーツ
をやる上で必要な能力を伸ばす。しかし、最大限の瞬発力を開発したい、あ
るいは、パワー、機能的スピード、アジリティ能力を効率よくつけたいとし
たら、このマニュアルで紹介するドリルには欠けるところがない。そのため、
ベストの選択肢になる。

## GO SPARTAN
## スパルタ戦士のように
　瞬発力トレーニングとして効率的であるだけでなく、自重力しか使わない
キャリステニクスは、利便性が高いトレーニング法にもなる。イクスプロー
シブ6をやる上で必要になるのは、床、壁、ぶら下がるための水平バーの3
つ。特別な器具は必要としない。まさにスパルタ戦士と同じように、体だけ

CHAPTER 2　イクスプローシブ・キャリステニクス──5つの原則──　　37

を頼りにすることになる。

　アクロバットジムでマッスルアップを学ぼうとすると、最初にサポート用のバンドが与えられる。体操選手になろうとすると、フォームラバーマットやブロック、支柱、ケーブルなど、あらゆる種類の器具を使うことになる。この分野の指導者が、過剰なまでに器具に頼る理由は理解できる——生徒がケガをしないよう保険をかけるのだ。それらの器具が、これでケガをさせることがないという幻想を投影してくれるからだ（まさに幻想だ。規律に則って正しくトレーニングさせなければ、フォームマットの上であっても首の骨が折れる。リスクは、芝生の上で練習するときと変わらない）。

　フリップ、キップアップ、マッスルアップなどの離れ業を習得するには、体操クラブに入るか大量の器具が必要になる。そう信じ込んでいる人たちには、わたしがいつも繰り返している話をしなければならない。キリストが誕生する何千年も前から、わたしたちの先祖は幾千世代にもわたって器具なしでこれらの技術を習得してきた。だから、器具がなくてもマスターできるはずだし、そうすることが生身の体への信頼につながっていく。

　スパルタ戦士のようにトレーニングする。それは、一人でトレーニングすることも意味している。このことはわたしにとってとても重要なポイントになる。わたしはこれまで何人ものすばらしいインストラクターと出会ってきたが、一人でトレーニングするのが常だった。孤独の中に見つける努力と規律が、トレーニング生活を精神的に支えてくれるからだ。このマニュアルを、パートナーやアシスタントなしでできるドリルで構成したのもそれが理由になっている。器具やパートナーの補助を受けながら瞬発力を開発する、今日の体操技術と違うところはそこにもある。身ひとつで漸進的に進歩していく。それがキャリステニクスだ。

　近所の公園にいようと、アフガニスタンの小さな軍事基地にいようと関係ない。ぶら下がるところさえあれば、イクスプローシブ・キャリステニクスの達人になれる。必要なものはすべて揃っている。

## APPLY TOTAL-BODY TRAINING
# 全身を対象にトレーニングする

　現代世界では手だけをすばやく動かす、あるいは、足だけをすばやく動かす場は限られる。〝高速の拳〟を持つボクサーが話題になることもあるが、実際に速いのは拳だけではない。ボクサーの速いパンチは、脚、ウエスト、胴部、肩、腕を巻き込んだ全身動作だ。そのすべてが高速でなければスピードは出ない。蹴りも同じだ。「すばやい脚技」を繰り出すマーシャルアーチストに聞けば、スピードを出すには、ウエストと上半身を速く動かすことが大切だという答えが返ってくるはずだ。

　戦いの場。軍事演習の場。スポーツの場。すべての場で動かすのは全身だ。現実世界では、〝体の一部分が速い〟よりも〝全身が速い〟ことが大切なのは明白だ。Xboxを超高速でプレイできる指があっても、その指が錆びたガラクタにくっついていたら台無しになる。一部のアスリートに人気がある、カードを弾いて捕まえたり、肘で払ったコインをすばやくつかんだりするような〝スピード〟エクササイズもパスした方がいい。ボクサーが好むジャグリングさえ特殊な動作といえる。体のほかの部位にスピードをもたらさないからだ。

　確かに、このマニュアルにも、ある部位を中心にワークしているように見えるエクササイズがある――クラップ・プッシュアップ（104ページ）は上半身を対象にしているように見えるし、ストレートホップ（62ページ）は下肢を対象にしているように見える――しかし、そのチェーンをステップアップしていくと、クラップ・プッシュアップやポゴ・ジャンプが、全身をユニットとしてワークさせる高度なステップをやる上でのコンディションづくりをしていたことがわかる。パワープッシュアップチェーンは、脚を巻き込むエクササイズにステップアップしていくし、パワージャンプチェーンはすぐに腕とウエストを動員するものになっていく。すべての動作チェーンで同じことが言える。

　全身運動は、パワーを統合的に発揮できる体をつくる。わたしたちの体は

CHAPTER 2　イクスプローシブ・キャリステニクス――5つの原則――　　39

ゲシュタルト——全体は、部分を合計したもの以上になる——的な存在だ。
体の各部位を分離させてパワーをつけようとするアスリートは、その部位を
チームとしてワークさせているアスリートよりも速くもパワフルにもなり得
ない。世界的なレベルで筋力が強いアスリートたちが体全体を一度にワーク
させるトレーニングを好むのは、体というシステムの可能性を最大限に引き
出すためだ。これは筋力トレーニングの世界でよく知られた話であり、パ
ワーとスピードをテーマにしたトレーニングにおいても変わるものではな
い。

## FOCUS ON A SMALL GROUP OF EXERCISES
# 少数エクササイズに集中する

　この原則は、ひとつ前の原則〝全身を対象にトレーニングする〟から導き
出されるものだ。全身を対象にトレーニングしていれば、多種類のエクササ
イズをやる必要がなくなる。あれこれやるのは、時間の無駄だし、不必要な
繰り返しになるからだ。

　限られた時間の中でパワー、機能的スピード、アジリティ能力を身につけ
たかったら、ひと握りのエクササイズを使って進歩していくことに固執して
ほしい。イクスプローシブ・キャリステニクスを選択すればそれが可能にな
る。全身の運動能力を余すことなく要求してくる大きな動作をやることにな
るからだ。劣ったエクササイズに時間を費やしてはならない。

　以下の6つの動作をお勧めしたい。

・ジャンプ——ジャンプ時の姿勢、瞬発的な跳躍、タック技術、着地技術を学ぶ
・パワープッシュアップ——腕や肩のコンディションを整えるとともに、高速動作へ
　の対応を可能にする。上肢の反射神経を開発する
・キップアップ——ウエストに高レベルのスピード／パワーをもたらす。基本的なア
　ジリティ能力を開発する
・前方回転——適切なスピードで前方に回転する技術を身につける
・後方回転——適切なスピードで後方に回転する技術を身につける

・アップアンドオーバ──パワーとスキルを使って体を引き上げる技術を身につける

　PART 2でこの6種類の動作について詳しく説明することになる。もちろん〝6〟という数字にこだわる必要はない。前・後ろだけでなく横に向かう回転やツイスト動作を加えることもできる。しかし、この基本の6動作にある程度習熟した後に追加した方が、ケガをするリスクが低くなる。最初から上で紹介した6エクササイズより多くなると、やり過ぎになったり、集中力が途切れたりする。また、それ以下だと、瞬発力をつける上で、欠ける要素が出てくるだろう。

## BE PROGRESSIVE
## 漸進的に難度を高めていく

　最後の原則は、キャリステニクスの本質であるプログレッション（段階的に負荷を上げていく練習法）だ。前節の〝少数エクササイズに集中する〟にかかわってくる。

　少数のエクササイズに集中するとしたら、同じ動作を繰り返しているだけでは進歩は見込めない。時間の経過とともに爆発力を増やしていくには、動作を少しずつ難しいバリエーションに変えていく必要がある。そうでなければ、自分がましになっているかどうか確かめようがない。

　動作を漸進的に高度化するにはどうしたらいいか？ PART 2で具体的にお教えするが、ここでは後方回転を例に説明したい。後ろに向かって爆発的に回転する技術を極めるとしたら、ゴールはバックフリップになる。地にしっかりと足をつけて立ち、跳び上がって、後方に向かって360度回転し、最初に立っていた場所に着地する。動作中、どちらの手も地に触れてはならない。これが本物のバックフリップだ。

　太っていてもバックフリップはマスターできるだろうか？　そう問われたら、ほとんどの人が「無理だね」と答えるだろう。ある意味、それは正しい──バックフリップを「ひと口」でやろうとしてもできるわけがない。しか

CHAPTER 2　イクスプローシブ・キャリステニクス──5つの原則──　　41

し、バックフリップという動作を分解し、簡単な技術からより困難な技術へと移っていく段階的なチェーンにすれば、太っていてもこの動作をマスターできる可能性が出てくる。実際そうすることで、わたしもバックフリップに向かない体をしているアスリートたちを指導し、バックフリップができるようにしてきた。プログレッションの本質がここにある。プログレッションはどこまでも細分化できる。イクスプローシブ6で紹介する各ステップも3段階になっている。ステップそのものと、プログレッションおよびリグレッションだ。プログレッションは、各ステップのバリエーションで、より難しいバージョンへの橋渡しになるエクササイズだ。一方、そのステップが難しすぎたときは、ちょっと簡単なバリエーションであるリグレッションにステップダウンする。

　キャリステニクス初心者がバックフリップに取り組む場合は、ビッグ6のブリッジから始めてもらう。脊柱、肩、四肢に、筋力と可動性をつけるためだ。基本的な可動性と筋力が身についたら、バックフリップへと続くプログレッションに踏み込む準備が整う。最初はリアショルダーロール（202ページ）で肩慣らしする。これができない人がいるだろうか？　次に、より高度なバリエーション——手を使っての回転動作——に移る。神経系、脊柱、関節が後方回転に慣れたら、ブリッジをかけた体勢から後方回転するブリッジキックオーバー（206ページ）に進む。

　ブリッジキックオーバーが簡単にできるようになったら、次は、モンキーフリップ（マカコ）だ。モンキーフリップにはいくつかステップがある。最後のステップに達すると、手を使って後方宙返りするバックハンドスプリング（214ページ）にトライする準備が整う。バックハンドスプリングをクリアした後にもステップは続くが、このように少しずつステップアップしていくと、いつしか〝あの〟バックフリップができるようになっている。

　不可能に思えるほかの事項を克服するときと同じように、ステップ・バイ・ステップで絶え間なく進歩していけば、いつかは目的地にたどり着く。ただし、あるステップができるようになったからといって、すぐに次へと進んで

はいけない。プログレッションの核心は、それぞれのステップにどれだけ愛を注ぐかにある——ステップを習得した後も、そのステップから搾れるだけミルクを搾る。単に高みを目指してプログレッションを駆け上っても、その先は失望へとつながっていく。納得がいくまで各ステップを繰り返す。時間をかけてそのステップに親しむことが、〝完璧な〟瞬発力を備えたアスリートをつくることになる。

## LIGHTS OUT!
# 消灯!

体の中に眠っているパワーを解き放つことを望むアスリートが、絶滅への道をたどっている。これほど嘆かわしいことはない。運動能力とサバイバル能力の頂点にあるのが、パワー、機能的スピード、アジリティ能力だからだ。それなのに、多くのアスリートが、今もマシントレーニングや退屈な有酸素運動にしがみついている。

この悲劇的傾向の原因は思い込みにある。「自分には無理だ」と決めつけることで、どれだけの人がバックフリップを諦めているだろうか? 生まれつき体操能力に恵まれた〝特別な人たち〟がいて、その中からバックフリップを学ぶ者が出てくる。彼らは〝特別〟だから、ケガをすることなくバックフリップを学ぶことができる。これが一般的な考え方になっている。「歳をとりすぎている」、「弱すぎる」、「体が重すぎる」といった言い訳もさんざん聞いてきた。しかし、そう嘆く彼らの中にもパワーの離れ業を演じる能力が備わっている。この章で紹介した5つの原則を使ってトレーニングすることが、その能力を解き放つ。最初は自信がなくても、プログレッションとは何かがわかればゴールへと続く道が見えてくる。

そこを目指したいなら、歩き出すだけでいい。

CHAPTER 2 イクスプローシブ・キャリステニクス——5つの原則—— 43

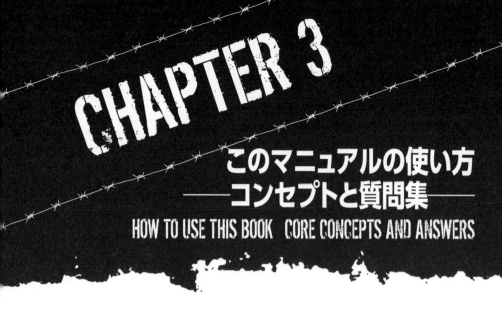

## CHAPTER 3
## このマニュアルの使い方
──コンセプトと質問集──
HOW TO USE THIS BOOK CORE CONCEPTS AND ANSWERS

　この本の肉とジャガイモ──もちろんエクササイズだ──はまだかと逸る気持ちが伝わってくるようだ。いい心がけだぜ、兄弟。馬はすぐそこにつないであるから心配ご無用だ。でも、もう少し待ってほしい。マニュアル全体の概要を伝える必要があるし、イクスプローシブ6、10ステップ、マスターステップなどの基本用語についても説明しておきたい。この章を入れたのはそのためだ。

　すぐに走り出すことになる──とはいえ、かなりの暴れ馬だ。振り落とされないように、まずは、どんな馬かを観察しよう。

### THE EXPLOSIVE SIX
### イクスプローシブ6

　あなたが『プリズナートレーニング1』を読んでいれば、それが〝ビッグ6〟に基づくシステムであることを知っているはずだ。

1　プッシュアップ（腕立て伏せ）
2　スクワット
3　プルアップ（懸垂）
4　レッグレイズ（仰向けになり脚を上げる）

5 ブリッジ

6 ハンドスタンド・プッシュアップ（逆立ち腕立て伏せ）

　これらが〝ビッグ6〟だ。同じように、この本も〝イクスプローシブ6〟
と呼ばれる6つの動作に基づいている。

**FAQ:** イクスプローシブ6にトライする前に、どの程度、ビッグ6に通じている必要があるか？

この本を使うために『プリズナートレーニング』の1や2を買う必要はない。しかし、スピードが出るキャリステニクスをやる前に、自重力を扱える基本的な筋力をつくっておかなければならない。パワーを引き出すワークは、それに備えがない人、特に、座っている時間が長い人や太りすぎの人を傷つける場合がある。自重力を利用した筋トレは、関節や腱のコンディションを整えてくれるので、瞬発的な負荷に対する適応力をつくる上で最良の方法になる。『プリズナートレーニング1』の動作を実践しているなら、少なくとも〝ビッグ6〟のプッシュアップ、スクワット、プルアップ、ブリッジ、レッグレイズのステップ5に達した後、このマニュアルにあるチェーンにトライした方が無難だ。

〝ビッグ6〟が筋力と筋成長に適したキャリステニクスであるように、〝イクスプローシブ6〟は瞬発力や機能的スピードをつけるのに適した動作になる。その中のひとつをハードにトレーニングするだけでも、体全体にパワーが加わっていく。6つすべてに取り組めば、ジャングルキャットの遺伝子を植えつけられた忍者のような身のこなしができるようになる。

**FAQ:** イクスプローシブ6には、先に学んだ方がいい特定のチェーンはあるか？

イエスだ。イクスプローシブ6の各エクササイズは同列ではない。ジャンプとパワープッシュアップは、関節のコンディションを整え、基本的なパワーと機能的スピードをつけるドリルになる。キップアップ、フロントフリップ、バックフリップ、マッスルアップはどちらかというとスキルを身につけていくドリルだ。ジャンプチェーンとパワープッシュアップチェーンのふたつを最初にやれば、関節が強くなり、パワーとスピードがついてくる。ふたつのチェーンが少なくともステップ5に達したら、ほかの4つの動作はいつ始めてもいい。

CHAPTER 3　このマニュアルの使い方──コンセプトと質問集── 　45

# THE TEN STEPS
## 10ステップ

　主要な6動作——イクスプローシブ6——のそれぞれは、10の異なるエクササイズに分かれている。これを10ステップと呼んでいる。プログレッシブ・キャリステニクス（漸進的に負荷を上げていくキャリステニクス）では、このステップ全体をチェーンと呼ぶ。チェーンは、ステップ1から少しずつ難しくなっていくのだが、体がある程度できているアスリートであれば、ステップ1は容易にクリアできるだろう。もっとも難しいのがステップ10で、それがマスターステップになる。

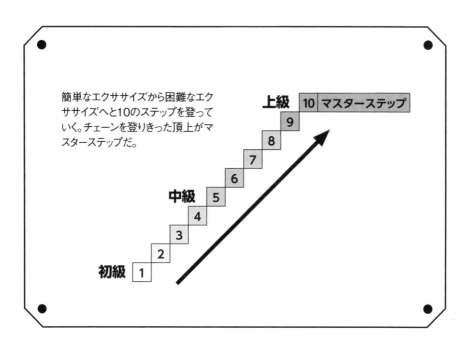

簡単なエクササイズから困難なエクササイズへと10のステップを登っていく。チェーンを登りきった頂上がマスターステップだ。

# 10ステップのFAQ:

**Q** なぜ10ステップなのか。もっと多く、あるいは少なくしないのはなぜか?

**A** 理由はシンプルだ。わたしたちは十進法を使っているので、10は消化しやすい数字になる。マスターステップに至るチェーンのどの辺りにいるかを確認しやすいものにもなる。

**Q** 途中のステップから始めたらダメか?

**A** 生徒たちには、すべてのチェーンをステップ1から始めるようアドバイスしている。関節を防弾していけるし、自分の体に対する理解を深めながらトレーニングに弾みをつけることができる。常識的に判断すればいい。人生の半分を曲芸に捧げてきた人であれば、ステップ1から始める必要はない。とはいえ、簡単に思えるステップに時間を費やすことは害にはならない。基本を復習することには常に学びがある。上にあるステップでのミスも少なくなる。

**Q** 10ステップはすべてやった方がいいか?

**A** ステップアップするとき、ひとつ前のステップでの搾乳に時間をかけていないと、結果的に苦労することになるし、失敗につながりやすくなる。これが答えになるかもしれない。次のステップに上がることばかりに熱中しないでほしい。
大切なのは、うまくこなせるようになったステップに時間を投入することだ。それが能力を醸成する。無闇に1ステップ上がっても、スピード、パワー、アジリティ能力は向上しない。ステップは、何ができるかを示す指標に過ぎない。現ステップでどれだけ辛抱強くワークするかが、パワーやスピードをどれだけ出せるようになるかを決める。

## THE MASTER STEPS
# マスターステップ

　イクスプローシブ6のゴールは、チェーンにおける究極の動作である〝ステップ10〟に到達することにある。6つあるステップ10はマスターステップと呼ばれているが、パワー、スピード、アジリティ能力を極めたいなら、マスターステップのすべてに到達することを目指してほしい。次ページの6つだ。

CHAPTER 3　このマニュアルの使い方──コンセプトと質問集──　　47

| イクスプロー シブ6 | マスターステップ | |
|---|---|---|
| ジャンプ | スーサイド ジャンプ | |
| パワー プッシュアップ | スーパーマン | |
| キップアップ | ノーハンド・ キップアップ | |
| 前方回転 | フロントフリップ | |
| 後方回転 | バックフリップ | |
| アップ&オーバー | マッスルアップ | |

## GOING BEYOND-SUPER ADVANCED TECHNIQUES
# その先へ──スーパー・アドバンスト・テクニック

　最初は体が硬くて動きが鈍いアスリートであっても、マスターステップに到達する頃には、稲妻のような速さを持つスピードマシンに変わっている。しかし、それは、スピードとパワーのさらなる高みに昇れないことを意味するだろうか？ とんでもない！

　ステップ10は何かの「終わり」を表すものではない。自重力動作に終着点はない。どれほど瞬発的であっても、強くても、しなやかであっても、探求できるさらなる高み、つまり、高度なバリエーションは常に存在する。この視点から考えると、マスターステップは、〝その先〟のゴールへと導いていく一里塚と見ることができる。そして、マスターステップに到達したアスリートは、さらなる自重力の離れ業を目指したくなるものだ。各マスターステップの後に続く「その先へ」セクションを参考にすれば、アイデアが見つかるだろう。

## SMALL SPACE DRILLS
# 監房内ドリル

　毎回、「その先へ」パートの後には「監房内ドリル」を紹介している。それは、先人から受け継いだものにわたしの経験を加えて導き出したドリルだ。監房内でわたしが好んでやっていた補助エクササイズであり、狭い場所でも、アジリティ能力、反射神経、すばやさを培うことができる。

　監房内でトレーニングするものなので、ほとんど設備を必要としない。頑丈な壁があればいい（壁くらい許してもらえるよね？）。それぞれのドリルは、できるだけ関連性が高い章に挿入しておいた。たとえば、ジャンプの章には、下半身のスピードと反応速度を高めるドリルが、また、マッスルアップの章には、腕を伸ばすスピードを速めるドリルが入っている。各章に振り分けはしたが、体全体に働きかけるドリルが多いので融通が利くものだと考えてほしい。イクスプローシブ6のどのチェーンをやっているかにかかわらず、セッションにバラエティとフレッシュさを持ち込む目的で、おもちゃ箱

CHAPTER 3　このマニュアルの使い方──コンセプトと質問集──　　49

ほとんどの監房内ドリルは、リズミカルにそして高レップス（回数）やることができる。監獄内で生き残るスピードを身につけるために編み出されたものだが、狭い場所でやる有酸素運動にもなる。

スラスター（小型ロケットエンジン）、別名バーピーは、狭い場所でもできるもっとも知られたエクササイズだ。

から引っ張り出す気分で使えばいい。監房内ドリルの多くは、リズミカルに、高レップスできる。100レップスを目指したり、タイマーを設定してノンストップで1分間やったりすることが可能だ。狭い場所でできる有酸素運動になるということだ。

　監房内ドリルは、もちろん屋外でもやれる。スピードをつける屋外トレーニングといえば普通はスプリントだ。それを繰り返してやれば100メートルといった距離を速く駆け抜けることが可能になる。しかし、監房のような狭いところで殴り合いになったとき、100メートルをいくら速く走れても使い物にならない。同じように、外の世界にいても、生き残る、あるいは、相手に勝るためには、ごく短い距離内で相手より速い動作ができればいい。腕の長さあるいは身長ほどの距離内で相手の目視速度を凌駕することが、あなたを生かし、王者として君臨させることになる。

　囚人アスリートに限らない。わたしは、狭い空間内でこの種のドリルに勤

しむ軍人たちとも話をしてきた。海軍にいる男たちは、監房よりも窮屈な環境でトレーニングする。彼らも、許される空間内で、シャープな体を保とうとする男たちだ。どこにいようと、意志さえあれば道が開ける好例だ。

**Q** イクスプローシブ・キャリステニクスと体操はどこが違うのか?

**A** この本の中の動作のいくつか、たとえば、フロントフリップとバックフリップは、体操では、それぞれフロントタック、バックタックと呼ばれている。動作は似ているが、これは体操技術を教える本ではない。イクスプローシブ・キャリステニクスは、特別な器具を使わずに、パワー、スピード、アジリティ能力を築くための技術だ。ゴールは、それらを手に入れることにある。一方、体操は、ダンスと同じようにバランスや審美的動作などの質を競い合う特殊なスポーツになる。体操の練習では、発泡体ブロック、マット、ケーブル、体操リング、特殊な床などの器具を使用する。そして、通常は、技術を持った補助者が動作を助けるかたちで技術を学んでいく。わたしは、体操という競技に敬意を表する者だが、イクスプローシブ・キャリステニクスは体操とは違うものであり、体操技術のエキスパートをつくるものではない。

## PART 3 : PROGRAMMING
# PART3 プログラミングについて

　PART 3まで読み通してからエクササイズを始めることを約束してほしい。イクスプローシブ6には、致命的な事態につながりかねない動作が含まれているからだ。この本を読み飛ばしてエクササイズを始めることは、ケガへと直行するやり方になる。

　賢くあってほしいのだが、それにはプログラムが必要になる。PART 3には、プログラムをつくるときに必要になるツールがすべて揃っている。

・Chapter 10では、ステップアップするタイミングを判断するための〝PARC原則〟を紹介している。

・Chapter 11では、シンプルなパワーエクササイズ（ジャンプおよびパワープッシュアップ）と、複雑なスキルエクササイズの違いについて説明している。

・Chapter 12は、パワービルディングについての章だ。トレーニング量をコントロールするための〝3の法則〟と〝6の法則〟について説明する。

・Chapter 13では、スキルトレーニングをこなしていくための技術、タイムサーフィ

ンと強化トレーニングについて説明している。

・Chapter 14では、プログラムテンプレートをいくつか紹介している。

## LIGHTS OUTS!
# 消灯！

　イクスプローシブ6のマスターステップは人間能力の驚くべき表現になる
——そこに到達したいなら、スピード、パワー、アジリティ能力を兼ね備え
ること、つまり、完璧に機能する体が必要になる。ジムにいるアスリートは、
デッドリフトやベンチプレスといった静的な動作をやる上では〝強い〟。し
かし、強いかもしれないが、硬くて遅い。バックフリップやマッスルアップ
は、こういったフランケンシュタイン的動作とは一線を画するものになる。

　今、体が錆びていたり、俊敏な動きができなかったりしても問題はない。
70歳未満で健康であれば、イクスプローシブ6のすべてのマスターステッ
プに到達できるだろう。わたしが引き継いだメソッドを共有してほしい。誰
でもイクスプローシブ・キャリステニクスを極めることができるし、その気
になれば、マスターステップに到達できる。それがプログレッションだ。

　少しずつステップアップしていくだけでいいなら、ゴールに届かない理由
があるだろうか。

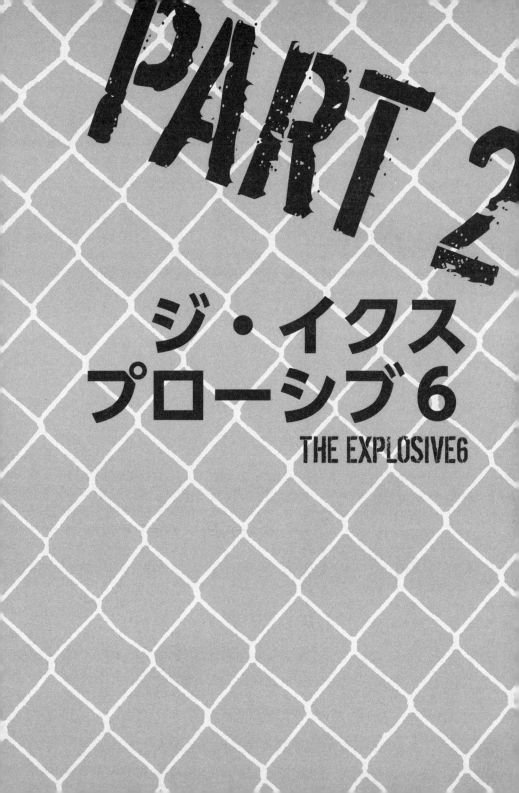

# CHAPTER 4

## パワージャンプ
### ――脚に備わるバネを進化させる――
## POWER JUMPS ADVANCED LEG SPRING

　パワートレーニング――筋力主体のウエイトリフティングではなく〝筋力×スピード〟のそれ――とは何か？　この話をジムにいるコーチに振ると、そのほとんどが、体重を負荷にして、上方向、あるいは水平方向へと爆発的に跳躍する〝ジャンプ〟について語り始めるだろう。

　瞬発力をつけるプログラムを組み立てる場合、コーチたちがジャンプを中心に据えるのにはもっともな理由がある。パワフルな脚があれば、スポーツや生活上の動作のすべてに役立つからだ。古代人たちは、脚にある〝バネ〟が若々しさや運動能力の源泉だと信じていたが、経験から導き出される彼らの考えは正しいものだった。瞬発力を備えた脚がなければ走ることはできない。アクロバチックな動作――フリップや水泳での飛び込みなど――も、パワフルな脚を使って高く跳躍できてこそ可能になる。バスケットボール、フットボール、ハードル競技、サッカー、マーシャルアーツ、パルクールなど、脚に備わる〝バネ〟に左右されない運動を思い浮かべるのは、とてもタフな作業になる。

　多くのアスリートが、バーベルスクワットやデッドリフトをやって〝脚のパワー〟を手に入れようとするがこれは見当違いだ。真のパワーとは、単なる筋力ではなく、〝筋力×スピード〟だ。また、ある動作にバーベルのよう

54

な大きな外部荷重を加えると、そのアスリートに備わる通常のスピードさえ殺してしまう。外部荷重を使わず、体重だけを動かすことがパワーを最大化する唯一の方法になる。機能的なパワーは常に〝体重〟とともにある。何百ポンドものウエイトを持ちながらジャンプするスポーツや生活上のシーンを、思い浮かべることができるだろうか？

## DECONSTRUCTING POWER JUMPS
## パワージャンプを分解する

ここ10〜20年の間にジャンプトレーニングが復活を遂げている。ジムに行けば、値が張る箱に跳び乗ったり跳び降りたりしているアスリートを見かけるだろう。以前は、不自然な動きをマシン上でゆっくりと繰り返す姿で統一されていたが、〝機能的動作〟という概念がジムに侵入してきたからだ。クロスフィットトレーニングの興盛にともなって、その一環として採用されているジャンプもある。

理由はどうであれ、アスリートたちがもう一度ジャンプに目覚めたのはすばらしいことだと思う。しかし、但し書きをふたつ加えたい。まず、ボックスに乗り降りすることが〝ジャンプ〟のすべてではない（そもそもジャンプするのにボックスは必要ない。こんな単純な動作にさえ、ヒトは器具を使おうとする。まったく変な動物だ）。次に、ジャンプトレーニングが、高く跳べるようになるため以下のものであることを指摘したい。直線的なパワー——跳躍力——を手に入れるだけでなく、ジャンプトレーニングは次の4つのスキルを開発するものでなければならない。

### ラウンチング（発進）

正しいしゃがみ込み方を知らないア

CHAPTER 4　パワージャンプ——脚に備わるバネを進化させる——　55

スリートが多い（あなたが自重力スクワットをやっていることを期待したい）。だから、空に向かって爆発的に跳躍しようとしてもうまくいかない。跳躍するときのポイントは、体を対称に保つこと、股関節に導かれるようにしゃがむこと（単に腰をかがめるのではなく、椅子に腰掛ける要領になる）、脚全体と股関節のパワーを使って上へと爆発することにある。以上のポイントを押さえた良質なジャンプをマスターするには、うまくできているかに注意しながら果てしないレップを繰り返すしかない。

### タッキング（押し込み）

　ジャンプについて教えるコースがあるとしたら、タッキングのやり方、つまり膝の正しい引き上げ方（最終的にはその膝を胸に押しつけることになる）を教える必要がある。現実世界で通用する機能的ジャンプに欠かせないのが、このタッキングだ——ジャンプしているときや、何かを跳び越えるときを想像してほしい。もれなく膝を持ち上げているだろう？　そうするには、パワフルな股関節屈筋が必要になる。タッキングを習得するため、ジャンプ

チェーンには4段階のステップが用意されている。

## ランディング（着地）

〝上昇する〟ことだけがジャンプではない。そして、ジャンプ初心者、太りすぎの人、高齢アスリート、関節に不具合がある人などが、もっとも難しいと感じ、怖れを覚えるのがランディングだ。そのうちの一人であっても、着地の仕方を体に教え込めば本物のジャンパーになれる。ラウンチングと同様、ランディングするときのポイントは、体を対称に保ち、股関節に導かれるようにしゃがみ、足と足首だけでなく、脚と体全体でショックを吸収するところにある。低めのジャンプ（とホップ）からゆっくり慣らしていけば、軟組織にストレスをかけずにランディング技術を学ぶことができる。

## ミオタティックリバウンド（筋伸張リバウンド）

腱に強い弾性が備わっているのは、力を吸収し、その力が向かう先を変えるためでもある。その働きを最大化させた例を、カンガルーの脚にある巨大

な腱に見ることができる。高く跳躍し、着地時に腱をバネのように使って次の大ジャンプを楽に行う。その弾性は、伸張した筋肉を適切なタイミングで収縮させる神経系の働きによって補われている。それが〝筋伸張反射〟と呼ばれる脊髄反射で、プライオメトリックトレーニングの中心にあるものだ。〝筋伸張反射〟を利用するのは簡単だ。ジャンプで使うなら、次のジャンプに移るときに一時停止しなければいい。着地した瞬間にリズミカルに〝跳ね返る〟のだ。この手法は、チェーン内のほとんどのステップで使うことができる。監房内ドリルのいくつかにも適用可能だ。ただし、プライオメトリックトレーニングとイクスプローシブ・キャリステニクスは違うものであることに注意してほしい（プライオメトリックエッジを活用する！ 339ページ参照）。

アクロバチックな動作を探求したいアスリートなら、ラウンチング、タッキング、ランディング、ミオタティックリバウンドに続く5番目のジャンプスキルを磨く必要がある。それがブロッキングだ。

## ブロッキング

水平方向への推進力を垂直方向への推進力に変える技術がブロッキング

最も基本的なレベルでのブロッキング：数歩走って、（ちょっとスキップして）両足を地に打ち込み、上向きにジャンプする。

だ。曲芸師がフリップをやろうとするとき、ちょっと助走してから足を揃えて跳び上る。この助走し、脚を揃える動作——ほとんどのアスリートが本能的にやっているもの——がブロッキングだ。正しく行えば、前述のミオタティックリバウンドを開発するものにもなる。

バックフリップとフロントフリップのチェーンを進んでいくには、以上の5つの技術が欠かせないものになる。フリップをやるのに、ラウンチング、ランディング、ブロッキングが大切であることは容易に想像がつく。しかし、実際には、タッキングがもっとも重要な技術になる。核心はそこにある。体操の世界で、フロントフリップをフロントタックと呼び、バックフリップをバックタックと呼ぶのもそれが理由になっている。

## THE POWER JUMP CHAIN
## パワージャンプチェーン

ジャンプチェーン内のステップを思慮深く上がっていけば、以上の5つのジャンプスキルのすべてが手に入る。強くて健康的な関節になっていくし、高く跳ぶ原初的なパワーが確かなものになる。

チェーンは、もっともシンプルで簡単なジャンプドリルから始まる。ストレートホップ（ステップ1）だ。場所は問わない。また、膝や背中に大きなストレスをかけずに下腿の弾性リバウンドを開発できる。ランディング時の足や足首の使い方もわかってくる。

ジャンプに膝と股関節の動きを加えることが次のステップになる。スクワットジャンプ（ステップ2）だ。これをやると、膝が強くなり、垂直方向へのパワーがつき始める。この動作を習得したら、バーチカルリープ（ステップ3）に移り、ジャンプに腕の動きを加えて統合する。パワーと推進力を増やすことを目的に下半身と上半身を連動させるコツを学ぶステップになる。ステップ1〜3で垂直方向へのパワーの出し方を学んだら、そこに助走を加え、ブロッキング技術を探求するブロックジャンプ（ステップ4）に移る。ブロッキングは、水平方向への推進力を垂直方向への推進力に転換する

技術で、アクロバチックな動作を習得したい者にとって必須のスキルになる。

　ステップ5から始まる4ステップは、タッキングを習得するためのものになる（56ページ参照）。タックするには、膝を胸までたくし込める強い股関節屈筋が必要になるが、まずは、尻をかかとで軽くキックするブットキックジャンプ（ステップ5）から始める。ここで培うのは、跳躍力とスピードだ——かかとで尻をキックできる高さまで跳び、重力による落下よりも早く脚を下ろすスピードを手に入れる。正しくブットキックすると膝が少しだけ上がる。ウエストにも届かないちょっとした動きだが、以降の難度が高いタックに股関節屈筋を備えさせるものになる。次は、ジャンプ中に膝を手で打つスラップタックジャンプ（ステップ6）で、ここでウエスト辺りまでタックする練習をする。さらに高い位置までタックするのがタックジャンプ（ステップ7）で、膝を胸にできるだけ近づかせる。キャッチタックジャンプ（ステップ8）は、空中で膝を胸まで完全に引き込むタックになる（オリンピックの飛び込み選手がこれをやるのを見たことがあるかもしれない）。ステップ8をクリアすると、オーソドックスなタッキング技術が習得できている。

　次のスレッドジャンプ（ステップ9）は、自分の足を持ってその上を跳び越える隠し芸じみたジャンプで、マスターステップに近づくための神経系的ウォーミングアップになる。一見、難しそうに見えるがステップ8を達成したアスリートであれば問題になることはない。マスターステップはスーサイド（自殺）ジャンプだ。そう呼ばれるのは、手にしているバーやほうきを跳び越えるジャンプなので、失敗すれば真っ逆さまに落下することになるからだ。クリアできれば、申し分がない高さの跳躍力、高スピードで動く脚、〝しなやかな柔軟性〟を備えた股関節ができあがっている。それがマスタージャンパーになる。

60

## プライオボックスは必要か?

ほとんどのアスリートは何かに跳び乗るところからジャンプトレーニングを始める。普通は、プライオ
ボックスを使う。実際、ジムでのジャンプトレーニングの90%がこのボックスを使ってやっているとわ
たしは見ている。

ジャンプ高度を測定できるボックスジャンプは効果的なトレーニング法になるが、そればかりに頼っ
てはいけない。タッキングなどの練習ではボックスは邪魔になる。ボックスを使わなければ、シンプル
にジャンプするときもつまずく心配をせずにパワーを解放できる。ジャンプの基本を学んだ後、バリ
エーションとしてボックスジャンプを加えたいならそれもいいだろう。しかし、イクスプローシブアスリー
トになるのにボックス(他のプライオメトリック器具も)は必要ない。ボックスがジムに置かれるように
なる前のどの時代にも、驚異的なジャンプ力を見せつける大道芸人やサーカスの曲芸師、武道家
たちがいたからだ。

CHAPTER 4 パワージャンプ——脚に備わるバネを進化させる—— 61

# STEP 1

## ストレートホップ

### やり方

- 足を肩幅に開き、しゃがむ動作に備える。
- 少ししゃがむ（膝を少し曲げる──フルスクワットの1／4以下の角度で）。
- 一時静止せず、下腿のパワーと、体全体のバネを使って、上向きに爆発する。
- 肩は〝引き上げ〟るが、腕は適度な位置に保つ。
- 体重の大部分を母指球に乗せながら、柔らかくランディングする。
- 弾性リバウンドを用いてすぐに動作を繰り返す。

### エクササイズを透視する

　軽くホップすることがジャンプトレーニングの最初のステップになる。膝の動きが制限されるので、ジャンプ高度も自然に制限される。そのため、安全に基礎を固められるドリルになる。ラウンチングとランディングの動作パターンに慣れていくし、足首と膝が強くなってより激しいジャンプに備えることができる。

### リグレッション

　もっとも簡単で基本的なジャンプエクササイズだ。それをさらに退行させるには、弱めにジャンプするしかない。脚を曲げずに、体を〝ルーズ〟にして跳んでも難度が下がる。

### プログレッション

　もう少し膝を曲げ、ホップするときに腕を上にスイングすれば全身運動になる。膝は曲げすぎないようにする。曲げすぎると、ステップ2のスクワットジャンプになるからだ。

CHAPTER 4 パワージャンプ──脚に備わるバネを進化させる── 63

# STEP 2

# スクワットジャンプ

## やり方

- 足幅を肩幅より少し広く取り、跳躍に備える。
- スクワットするようにしゃがんで行う。ほとんどの人にとって、跳躍高度を最大にするニーベンド（膝を曲げること）は、ハーフスクワットまで至らない角度になる──フルスクワットの1／3ほどの角度がいい。筋力があれば、高いジャンプを可能にする深さを、大腿が地面と平行になるところまで探ることができる（写真を参照）。
- 下半身のパワーに加え、体全体のバネを使って上向きに爆発する。
- 腕は適当な位置に保つ。
- 跳躍後は、脚を自然に動かす。引き上げたり、押し下げたりしない。
- 体重の大部分を母指球に乗せながら、柔らかくランディングする。
- 弾性リバウンドを用いてすぐに動作を繰り返す。

## エクササイズを透視する

　スクワットジャンプは、すべてのジャンプ技術の要になるものだ。普通の人に〝ジャンプ〟するよう頼んだとき、本能的に行うものでもある。膝の曲げ方次第で高くまで跳べるが、ラウンチング時の膝、ランディング時の膝と足首の動きが大きくなる。

## リグレッション

　膝を曲げないほど、エクササイズが容易になる。ステップ１とステップ２の間に、フルスクワットの1／4ほどの角度で脚を曲げる、クォータースクワットジャンプをはさめばミニステップになる。

## プログレッション

　膝をもっと曲げると、水平以下に大腿が曲がる。膝と臀筋を強くするが、膝を曲げすぎると爆発力が減るので注意してほしい。足幅を近づけると、ほとんどのジャンプドリルがタフなものになる。

CHAPTER 4 パワージャンプ──脚に備わるバネを進化させる──

# STEP 3

## バーチカルリープ

### やり方

- 足幅を肩幅より少し広く取り、跳躍に備える。両手は両脇に垂らす。
- スクワットするようにしゃがんでいく。ほとんどの人にとって、跳躍高度を最大化できるのはハーフスクワットの角度ではない。フルスクワットの1／3ほどの角度が適している。筋力があれば、もっと深くまでしゃがんでもいい。
- 下半身のパワーに加え、体全体のバネを使って上向きに爆発する。
- 体を持ち上げるとき、最大限の勢いをつけて腕を上方へとスイングさせる。
- 跳躍後は、脚を自然に動かす。引き上げたり、押し下げたりしない。
- 体重の大部分を母指球に乗せながら、柔らかくランディングする。両腕はそれぞれ体の横に下ろす。
- 弾性リバウンドを用いてすぐに動作を繰り返す。

### エクササイズを透視する

　ストレートホップは、脚と足首にもともと備わっている弾性を再確認できるエクササイズになる。それは、哺乳動物のほとんどが持つ基本的なジャンプ能力でもある。スクワットジャンプは、そこに、股関節、脚、膝のパワーを組み合わせる。バーチカルリープでは、動作に腕がつくる推進力を統合させる。フロントフリップやバックフリップをやるアスリートを観察すればわかるが、高度なアジリティ動作を行うときは腕の爆発力が欠かせない。その初歩を学ぶステップになる。

### リグレッション

　腕をゆっくり穏やかにスイングさせるところからエクササイズを始める。慣れるにつれ、頭上で、完全に手が伸びるところまでスイングさせる。

### プログレッション

　達成した高度を壁の上にチョークで線を引いて視覚化し、より高い跳躍を目指す（この種の測定プロトコルの詳細については、〝Sargent Jump Test〟で検索すること）。

ヒント：天井が低くてもこのエクササイズは可能——両腕を曲げればいい。

CHAPTER 4　パワージャンプ——脚に備わるバネを進化させる——

# STEP 4

## ブロックジャンプ

### やり方

- 短く助走する。多すぎるより数歩程度がいい。
- 腕を上方へスイングさせて大きな一歩を踏み出し、両足を合わせて地に着ける。
- 軽く膝を曲げて体を少し沈め、間髪を容れずに全身を使って地を両足で〝パンチ〟する。その流れに乗って、腕を振り下ろす。
- この〝パンチ〟によって推進力が地に向かい、体が押し上げられる。
- 垂直にラウンチングし、できるだけ高く跳躍しながら体を伸ばす。
- 体重の大部分を母指球に乗せながら、柔らかくランディングする。腕は、それぞれ体の横に下ろす。
- 最初の位置に戻り、動作を繰り返す。

### エクササイズを透視する

　バーチカルリープ（ステップ3）を練習することで高度がある程度出るようになったら、ブロッキングの習得に移る。水平方向への推進力──数歩走ることで生成したもの──を、垂直方向への推進力──上方向へのジャンプ──に変える技術だ。走ることでつくった推進力を、地を足でパンチして〝ブロック〟することから〝ブロッキング〟と呼ばれるようになった。この種の推進力の転換は、瞬発的に使う筋力を開発する。ブロッキングは、フロントフリップなどの高度なドリルを探求したいアスリートにとって欠かせない技術になる。

### リグレッション

　ゆっくり動作を始め、低速のままの2～3ステップで足を揃え、推進力を転換する技術を体に覚えさせる。ブロッキングする前の大きな一歩を〝スキップ〟と考えると役立つかもしれない。

### プログレッション

　体をまっすぐにしてジャンプする代わりに、タックポジション（ステップ7）やキャッチタック（ステップ8）を試みる。

CHAPTER 4　パワージャンプ——脚に備わるバネを進化させる——

# STEP 5

## ブットキックジャンプ

### やり方

- 両足を肩幅に開き、ジャンプに備える。
- スクワットジャンプ（ステップ2）と同じやり方でしゃがむ。
- 下半身のパワーに加え、体全体のバネを使って上方に爆発する。
- ジャンプのピーク時に膝をすばやく曲げ、後ろ上方にかかとを動かして自分の尻をキックする。
- キックした後、着地するために足を下げる。
- 体重の大部分を母指球に乗せながら、柔らかくランディングする。
- 弾性リバウンドを用いてすぐに動作を繰り返す。

### エクササイズを透視する

　　かかとで自分の臀部をキックすることがゴールであり、空中で膝を持ち上げる最初のステップになる。写真を見ると、股関節によって膝が少し前方に向かっているのがわかる。この動きを意識的に行うことが、タックジャンプを可能にする股関節をつくっていく。このステップは、ジャンプ能力を客観的に評価できる最初のステップでもある。十分な高さまでジャンプできない、あるいは脚を十分なスピードで動かせない場合、お尻を蹴った後のランディングに間に合わなくなる。

### リグレッション

　　どの程度のスピードでお尻をキックしていいかわからなかったり、十分な高さのジャンプができなかったり、ハムストリングス（太もも裏の外側から中央にかけてある筋肉）をうまく収縮させられなかったりするときは、片足ブットキックジャンプにトライする。ジャンプし、片方の足だけで尻をキックする。

### プログレッション

　　ここでも、腕が推進力を補っている——つまり、腕を使わなければ、ドリルが難しくなる。両手を後頭部につければいい。ただし、指を添える程度にして、首を上に引っ張らないようにする。

70

CHAPTER 4 パワージャンプ——脚に備わるバネを進化させる——

# STEP 6

## スラップタックジャンプ

### やり方

- 両足を肩幅に開き、ジャンプに備える。手は体の横に伸ばす（写真参照）。あるいは、胸の少し下に置いて手のひらを下に向ける。
- スクワットジャンプ（ステップ2）と同じやり方でしゃがむ。
- 下半身のパワーに加え、体全体のバネを使って上に向かって跳躍する。
- ジャンプのピーク時に膝を爆発的に引き上げ、その膝を手で叩く（手を体の横に伸ばしたところから始めると、脚より速く手を動かさなければならなくなる）。正しく行えば、動作のトップポジションで膝と股関節が同じ高さに揃う。
- タックした後、着地するために足を下げる。
- 体重の大部分を母指球に乗せながら、柔らかくランディングする。
- 弾性リバウンドを用いて動作をすぐに繰り返す。

### エクササイズを透視する

　本物のタックジャンプ（ステップ7）を学ぶ前の準備ステップになる。ジャンプしながら大腿を胸部に近づけるタックは、平均的なアスリートが持つ身体能力を超えている。自重力を使った難しい動作を学ぶときは、漸進的に進歩していくやり方がベストだ。ステップ5（ブットキックジャンプ）では、ジャンプ中に膝を少しだけ持ち上げることを学んでいる。このステップでは、手で触れられるよう地面とほぼ平行になるところまで大腿を持ち上げる。ステップ7では、さらに上へと大腿を持ち上げていくことになる。ステップバイステップで進んでいこう。

### リグレッション

　このドリルを後退させるのは簡単だ。股関節の高さまで膝が上がらなければ、手の方を下ろして低いところで膝を叩けばいい。

### プログレッション

　簡単に膝を叩けるのであれば、ふくらはぎ側部や足の甲を叩くもっと難しいバリエーションにトライする。

CHAPTER 4 パワージャンプ──脚に備わるバネを進化させる──

# STEP 7

## タックジャンプ

### やり方

- 両足を肩幅に開き、ジャンプに備える。
- スクワットジャンプ（ステップ2）と同じやり方でしゃがむ。
- 下半身のパワーに加え、体全体のバネを使って上に向かって跳躍する。
- ジャンプのピーク時に、膝を爆発的に引き上げ、胸にできるだけ近づける（この動作をタックと呼ぶ）。体幹が自然に前傾するが、過度に曲がらないようにする。
- タックした後、着地するために足を下げる。
- 体重の大部分を母指球に乗せながら、柔らかくランディングする。
- 弾性リバウンドを用いてすぐに動作を繰り返す。

### エクササイズを透視する

　下半身に本物の瞬発力を授けるドリルになる。タックする高さまで膝を上げるには、ふくらはぎ、足首、臀部、大腿、さらには下背部までがテキパキとすばやく動かなければならない。また、ジャンプ中に水平レベルまで膝を引き上げる強いパワーが股関節と腹部に求められる。シンプルに見えるが、タックは高度な離れ業に不可欠な技術であり、これが正しくできなければ、フリップなどの回転速度を上げることができない。

### リグレッション

　膝を胸に近づけることができない場合は、少なくとも股関節の高さまで上げてみる。練習を続けながら、膝を胸に近づけていく。

### プログレッション

　タックジャンプが問題なくできるのであれば、高度を上げる。これをテストする古典的な方法は、動作のピーク時にハムストリングスの下で拍手することだ。こうするとミッドセクションの関与が高まり、手を動かすスピードも上がる。

CHAPTER 4 パワージャンプ──脚に備わるバネを進化させる──

# STEP 8

## キャッチタックジャンプ

### やり方

- 両足を肩幅に開き、ジャンプに備える。
- スクワットジャンプ（ステップ2）と同じやり方でしゃがむ。
- 下半身のパワーに加え、体全体のバネを使って上に向かって跳躍する。
- 膝を爆発的に引き上げ、できるだけ胸に近づける。
- ジャンプのピーク時に、両手を使って両脛を体方向に引き込む（写真参照）。この段階で大腿が胸を圧縮することになる。
- 抱えていた両脛を離し、着地するために脚を下ろす。
- 体重の大部分を母指球に乗せながら、柔らかくランディングする。
- 弾性リバウンドを用いてすぐに動作を繰り返す。

### エクササイズを透視する

　タックジャンプ（ステップ7）では、膝を高く上げられる脚と股関節の瞬発的パワーが必要になった。腹部を脚で強く圧縮するマスターステップ——スーサイドジャンプ——では、さらに大きなパワーを体幹で生成しなければならなくなる。そのパワーを開発するのがこのステップだ。タックの最中に両手を使って両脛を体方向に引き込む技術は、フロントフリップやバックフリップのようなスキル動作でも利用することになる。体操選手がこのやり方でフリップするのを見たことがあるかもしれない。

### リグレッション

　最初から両膝をきつく引っ張ろうとしない——最高のタックを目指しながら、まずは、脚の向こうで手を触れさせる。じょじょに脚の周りに両腕を巻き付けていき、最後に両腕でしっかりと両膝を引き寄せる。

### プログレッション

　両腕で強く抱えるタックが確実なものになったら、顎の下にくるまで、膝を少しずつ上げていく。

CHAPTER 4 パワージャンプ──脚に備わるバネを進化させる──

# STEP 9

# スレッドジャンプ

## やり方

- 片方の足のつま先を反対側の手でつかむ。立つのに使っている脚をまっすぐに保ち、体幹もできるだけまっすぐに保つ。
- 立つのに使っている脚を少し沈め、上向きに爆発する。ジャンプに使った脚の膝をできるだけ高くタックさせて胸に近づける。
- タッキングのピーク時に、タックした足の下を、つなげた手と足でつくった穴へ通過させる。アスリートの多くが脚の方を動かして穴を通そうとするが、それだと間違ったやり方になる。ジャンプに使った脚を高く持ち上げ、手と足でつくった穴を後方に引くのが正しいやり方だ。
- 着地するためにジャンプに使った脚を下げる。
- 体重の大部分を母指球に乗せながら、柔らかくランディングする。
- つかむ足と立つ脚を変えて同じ動作を繰り返す。あるいは、(後述する) リバーススレッドジャンプをすばやく行う。

## エクササイズを透視する

スレッドという用語は、ブレイクダンスからきたものだ。古いヒップホップのビデオを観れば、ここで説明した動作を確認できるだろう。なぜスレッドと呼ばれるかは明白だ。針の目に糸を通すときのように、すき間を足が通るからだ。マスターステップ (スーサイドジャンプ) をやる上で求められる技術を、片側ずつの脚を対象に安全に学ぶ方法になる。しくじったら、足から手を離して着地する。

## リグレッション

最初は、足の端をゆるく握るところから始める。しくじったときの危機脱出が容易になるからだ。また、つま先の最先端をつまんで穴を大きくしてもやりやすくなる。それでもだめなら、つま先をつまむのではなく、足首のまわりに細いタオルかベルトを引っ掛け、その端をにぎった穴を用いる。穴が大きくなるので、動作を学びやすくなる。

## プログレッション

つま先ではなく足の外側を握ると、動作が困難になる。さらに難しくしたければ、ジャンプする脚の前ではなく、ジャンプに使う脚の後ろで手と足をつなげたところから動作を開始する。ジャンプし、タックした足の下を、手と足をつないでつくった穴を前方へと通過させる (これがリバーススレッドジャンプだ)。練習を積むと、スレッドジャンプとリバーススレッドジャンプが、交互にしかも連続的に行えるようになる。

CHAPTER 4 パワージャンプ──脚に備わるバネを進化させる──

# THE MASTER STEP
## STEP 10

# スーサイドジャンプ

## やり方

- 股関節の前で、グリップを広く取ってバー（ほうきなど）を持つ。失敗するのが恐ければ、バーの代わりにロープやベルトを軽く握るようにする。両足を肩幅に開く。
- 直立する（しゃがむなどしてバーを低い位置で持てばうまくいくと思うかもしれないが、その試みは無駄に終わる）。
- 少ししゃがむ。膝をほんの少し曲げる——1／4スクワットよりも小さく曲げること。
- 一時静止することなく上方に爆発し、膝を胸までタックする。
- タックのピーク時に、ジャンプしている足の下を通してバーを後方へと移動させる。バーが体の後ろにくる。
- 着地するために足を下げる。
- 体重の大部分を母指球に乗せながら、柔らかくランディングする。
- 体勢を整えて同じ動作を繰り返す。あるいは、すぐにリバーススーサイドジャンプを行う（82ページ参照）。

## エクササイズを透視する

　ジャンプ力を最大化したければ、ステップ1〜3のシンプルなジャンプを極めていけばいい。しかし、このチェーンはタッキングというもうひとつの技術をマスターするためのものでもある。そのため、ステップ5（ブットキックジャンプ）から先は、ジャンプし、膝を胸のところまで上げるタッキングをやる上で必要になる、筋力、パワー、技術を身につけるものになっている。スーサイドジャンプは究極のタックドリルと考えることもできる。膝をとても高いところまで、しかも、すばやく上げられないと、バーを後方に移動させることはできない。このエクササイズをクリアする頃には、パワージャンプを構成する5つの基本技術が高度なレベルまで開発されているはずだ。また、パワフルな跳躍、股関節とウエストの動きの同期、足をすばやく（重力よりも速く）下ろすこと、そして、ランディング時の力の吸収ができるようになると、キップアップ、フロントフリップ、バックフリップなどの離れ業が手に届くところまで降りてくる。

CHAPTER 4 パワージャンプ——脚に備わるバネを進化させる——

## GOING BEYOND
## その先へ

　スムーズできれいなスーサイドジャンプがいつもできるようになったとしても、パワージャンプを探求する旅は終わらない。その先へ進むなら、まず、スーサイドジャンプを逆方向にやるリバーススーサイドジャンプにトライしてほしい。体の後ろにバーを持ち、ジャンプし、空中にある足の下を前方に向かってバーを通過させるドリルだ。

　あなたをいじめているわけではないが、実際、これはいじめに近い。リバーススーサイドは、通常のスーサイドよりはるかに困難なエクササイズになるだろう。バーが扱いにくい位置にあることと、ふだん後ろ向きに何かを超える習慣がないことが相まって、かなりトリッキーな動作になる。しかし、スーサイドジャンプを〝完全〟にマスターしたいなら、逆にやるこのパターンが欠かせない。地面に激突しないよう注意しながらトライしてほしい。

　自重力トレーニングの常で、てこの力を調整すると難度が変わる。たとえば、タッキングなら、ジャンプした後に膝を曲げると、股関節屈筋とミッドセクションにかかる負荷が少なくなる——反対に、脚を伸ばすと負荷が増えて挑戦的なものになる。最初は膝を少し伸ばしたところからタッキングし、

リバーススーサイドジャンプ

アングルドパイクジャンプ

フルパイクジャンプ

CHAPTER 4　パワージャンプ──脚に備わるバネを進化させる──　　83

離陸し、タックし、着陸する。フリップはジャンプシリーズの延長線上にある高度な技術と言える。

少しずつ脚を伸ばしていく。あるいは、脚をロックしたところから始めて地との間にできる角度を大きくしていったりすればいい。この2番目の方法は83ページの写真を参照してほしい。アングルドパイクジャンプ（83ページ写真上）から始めて、まっすぐロックした脚が地と平行になるフルパイクジャンプ（83ページ写真下）を目指す。

　高度と全身のパワーをさらに要求してくるドリルをやることが、その先へと進む別の方法になる。つまり、フロントフリップとバックフリップのチェーンを進んでいけばいい。フロントフリップやバックフリップの後半のステップまで進むと、そこには必然的にパワージャンプが含まれている。そのため、フリップを練習していれば、改めてパワージャンプをやる必要はないという意見がある。しかし、フリップなどのスキル動作では、アジリティ、平衡感覚、筋肉の協働力といった要素にエネルギーと集中力の多くが割かれる。一方、この章で紹介したシンプルなジャンプであれば、エネルギーと集中力のすべてをパワーと高さの獲得に費やすことができる。土台となるパワーを維持するために、ステップ1～3で学んだシンプルなパワージャンプを卒業してはならない。ジャンプは、下半身のパワーを開発し、維持するために不可欠な動作だ。空手の達人が基本の型を繰り返すように、パワーを求めるアスリートなら、空に向かってジャンプし続けてほしい。

　アスリートの多くはジャンプトレーニングをボックスジャンプから始めようとするが、対象物に跳び乗るスタイルは、パワージャンプに習熟したあとで十分だ。ボックスジャンプはトレーニングにバラエティをもたらし、どのくらいの高さまで跳べたかの計測を可能にする。とはいえ、乾いて頑丈な対象物でありさえすれば、ジムのプライオボックスは必要ない。パルクールを追求する男たちからヒントをもらえばいい……彼らはどんなものでも利用する。それこそが〝機能的ジャンプ〟というものだ！

## SMALL SPACE DRILLS
## 監房内ドリル

　以下は、パワージャンプトレーニングにバラエティをもたらしたり、補助

ワークにできたり、下半身を違う角度からトレーニングにできるスピード&パワードリルだ。リズミカルに高レップスをやれるおもしろさがある。イクスプローシブ6のほかのチェーンと組み合わせてもうまく機能する。ウォーミングアップ用に使ってもいいし、フィニッシュ時のエクササイズにしてもいい。

## コサック

　ジャンプトレーニングは、狭い動作域でパワーをつくるものが多い。可能な限り動作域を広げて、膝や股関節、足首をパワーアップしたいときはコサックが有効だ。ロシアのコサックダンスにちなんで名付けられたドリルで、低い姿勢を保ち、体をわずかに上下させながら、脚を代わる代わるに伸ばす。筋緊張時の柔軟性（しなやかな強さ）とバランス感覚をもたらすものになる。

## ワイド・トゥ・クローズポップアップ

　速い脚と速い腕を協働させることが全身のパワーを解き放つ。クローズ・プッシュアップのスタートポジションから体を沈み込ませ、地から手が離れるように、爆発的に体を持ち上げる。空中ですばやく手を広げ、両手間の幅を広くして体重を地で〝キャッチする〟。一時静止することなく体を沈み込ませ、空中ですばやく両手間を狭くし、地で体重を〝キャッチする〟。レップを繰り返す。

**ウォールスレッド**

　これは、チェーン内のふたつのスレッドジャンプ（ステップ9と10）に似ている。チェーン内のスレッドジャンプと同じルーチン内で使うこともできる。頑丈な垂直ベースを片方の足で踏み、その脚の上をもう一方の脚で跳び越える。跳び越えているとき、垂直ベース上の足はできるだけ長く固定する。足がすばやく動くようになる。

# LIGHTS OUT!
# 消灯！

　原初的なパワーを備えたアスリートになりたいなら脚がすべての源泉になる——パワージャンプチェーンを漸進的に上がっていくことがそういったパワーを脚にもたらす。

　チェーンを上がっていく過程で学ぶのが5つのジャンプ技術（ラウンチング、タッキング、ランディング、ミオタティックリバウンド、ブロッキング）であり、これらが、原初的なパワー（筋力×スピード）を増やす。パワーを獲得できるだけでなく、フリップなどの高度なスキル動作をマスターするときにも欠かせない技術になり、この本で紹介するほとんどのドリルにかかわってくる。しっかりトレーニングしてほしい。

　脚と股関節に最大限のスピードとパワーをもたらすのがジャンプチェーン——下半身を対象にしたパワートレーニング——だ。パワートレーニングを完全なものにするには、上半身にもパワージャンプに似た動作が必要になる。パワープッシュアップチェーンがそれで、次章で学ぶことになる。

CHAPTER 4　パワージャンプ——脚に備わるバネを進化させる——　　89

# CHAPTER 5

## パワープッシュアップ
### ──筋力にスピードを乗じて パワーにする──

## POWER PUSHUPS STRENGTH BECOMES POWER

〝瞬発力をつけたい〟と生徒から請われたとき、外の世界のコーチの頭の中に浮かぶのは、たぶん、ボックスジャンプやブロードジャンプといった下半身を対象にしたワークだろう。監獄内には、はるかにバラエティに富んだ瞬発力トレーニングがあった。〝上半身〟を対象にしたワークも多く、流行っていたのは、パワープッシュアップ、ポップアップ、コンビクト・プッシュアップ、トリプルクラップだった。それらを使えば、パワーレベルがロケット並みに急上昇するし、スピードもつく。腕だけでなく胴体にも筋肉の厚切れが加わっていく。腕を規格外れのジャックハンマーに変えるこれらのワークに人気が出るのは当然だった。パワーをつけたいときは〝腕〟にも焦点を当てる。この監獄式の方がずっと理にかなっているとわたしは思う。もちろん、下半身をないがしろにしてはならない。ジャンプはいつだって大切だ！しかし、ビルの谷間で襲撃されたら、どれだけ高くジャンプできても役に立ちはしない。そこで、敵をノックアウトするのは重くて稲妻のように速いパンチだ。打撃を防ぐ、投げる、押すといったその他の動作も圧倒的なものにしたいなら、上半身にも下半身同様のパワーが必要になる。

瞬発力を備えた上半身をつくることにはボーナスが付いてくる。腕や胸、肩がパワフルになると、筋力も強くなっている。筋力が強くなるほどトレーニングをハードにできるので、筋量も増える。ゆっくりとしたギアでやる

キャリステニクスはアスリートを強く大きくする。しかし、そこに高速ワークをミックスさせれば、筋力とサイズが極限に向かっていくだろう。

　監獄の外にいるアスリートが、夢中になって紐を跳び越えていたり、コーンをジグザグ走りしていたりするのは、おそらく、上半身を対象にするパワートレーニングを知らないからだろう。メディシンボールを使う男たちをときどき見かけるが、パワーをつけるという意味では劣ったやり方になる。パワーに変化をもたらす引き金にするにはボールでは、軽すぎる。逆に、重量があるバーベルを爆発的に動かすプッシュプレスやジャークはどうだろう？　こちらは、負荷の大きさに焦点が当たりすぎている。スピード面で妥協せざるを得ないため、本物のパワートレーニングにはならない。また、重量がある外部荷重を持ち上げていると、時間の経過とともに肩（手首、肘、上背部などもそうだ）を傷めていくだろう。パワープッシュアップならパワーに直結するだけでなく、フロントハンドスプリングやバックハンドスプリングのような手を使ってやるタイプの宙返り、つまりアクロバチックな動作をやるときにも役立つものになる。繰り返して述べてきた通り、ベストメソッドは常に自然な鍛え方になる。つまり、体重を用いることだ。

## DECONSTRUCTING POWER PUSHUPS
## パワープッシュアップを分解する

　なにがパワープッシュアップを完璧なものにするかを説明するのは難しい。ひと口にパワープッシュアップと言っても、たくさんのパターンがあるからだ。しかし、後ほど紹介するチェーン内の動作には共通する原則がある。

### 手の位置決め

　これが最初の検討事項になる。どこに手を置くかが大切なのは、手を置く位置に肘の位置が従い、その肘の位置に肩の位置が従うからだ。秘訣は、そこに置くのが〝自然〟だと感じる位置を見つけることにある。まず、手の幅を広げすぎないようにする。パワーをうまく生成できなくなるし、肩関節が不安定な位置に置かれるからだ。逆に、手の幅を狭く取ってパワープッシュアップをやると、手首、前腕、肘に負担がかかりすぎる。スペクトラムのふ

CHAPTER 5　パワープッシュアップ——筋力にスピードを乗せてパワーにする——　91

たつの極の中間にある、自分にとって〝自然〟だと感じるどこかを探すのだ。わたしの場合、通常のプッシュアップでは、肩幅か、それより少し近づけて手を置くのを好む。腕を曲げたとき、肘が広背筋をかすめるような感じになる。パワープッシュアップでは、肩幅よりわずかに広く取ると、肘以上に弾性がある肩帯の腱の関与が高まり、強い跳ね返りが可能になる。

## 手をどう使うか

いくつかのポイントを。通常のプッシュアップを、拳で、あるいは手の甲を使ってやって手首を壊すアスリートがいる。パワープッシュアップでこれをやると、骨折に直結するレシピになる。指関節が空手の達人のように強くても、不注意な1レップが手首をひねり——ランニング中に足首をひねるようなものだ——それが、手首の骨折につながる。パワープッシュアップでは、地に対して手のひらを平らに保ち、指を少し広げるようにする。広げた指が衝撃吸収材として機能し、手首と前腕にかかるストレスを軽くするからだ。手の使い方でも、衝撃を拡散する努力をしてほしい。

## 整列

この3点目は重要だ。パワープッシュアップでは、体を整列させて、大腿、股関節、胴部を一直線にし、それを保ち続けること——尻が垂れ下がってはいけないし、尻が上がってもいけない——がとても難しくなる。

体を整列させる！　真面目なアスリートであれば、通常のプッシュアップをやるときは、この〝戒律〟をきちんと守っている。しかし、パワープッシュアップになると、その大切なものをいとも簡単に放り出す。強い男であっても、パワープッシュアップで自分を押し上げるとき、一緒にお尻も跳ね上げている。この〝罪深い〟習慣は、ワーミングと呼ばれている（〝シャクトリムシ〟と呼ばれることもある）。シャクトリムシが這って進もうとするとき、体を持ち上げるだろ？　あの姿を思い起こさせるからだ。

パワープッシュアップをやるとき〝シャクトリムシ〟になりやすいのには理由がある。てこの力が増して〝滞空時間〟を増やせるからだ。はるかにエ

クササイズがやりやすくなる（たとえば、クラップ・プッシュアップでの拍手がやりやすくなる）。故意に股関節を浮かせるパイクプッシュアップ、ジャックナイフプッシュアップ、アステカ・プッシュアップなどをやるとき以外、ワーミングはイカサマであり、やってはいけない。パワープッシュアップをやる目的は、怪物的なパワー（筋力×スピード）を身につけるためであり、〝ニセのパワー〟を見せびらかすためのものではない。そう。ワーミングをやれば、シロウト目には、たくさん拍手しているように見える。しかし、それは、何も知らない人をだますパフォーマンスにすぎない。パワーがつくのは、体を厳格に〝整列〟させたプッシュアップだけだ。

## スタンス

　筋力を求めてゆっくりとプッシュアップするときは、スタンスを狭めることをお勧めする――脚を近づけると、特に、ワンアームプッシュアップなどの非対称的な動作でよく見かける、体をひねるズルができなくなるからだ。イクスプローシブ系には非対称的なワークが少ない（パワープッシュアップチェーンにはまったく存在しない）ので、ひねりや同様の不正行為が問題になることもない。そのため、脚を近づけておく必要がなくなる。パワープッシュアップは、通常のプッシュアップとは別の動物であり扱い方を変えなければならない。何よりも、スピードを出すほど、安定した足元が必要になるので、常識の範囲内でスタンスを広く取るようにしたい。肩幅を超えたところから、肩幅の２倍までのどこかに両足を位置させればいい。ほとんどの人にとっての完璧なスタンスはそこにある。バランス能力に優れたアスリートなら、狭いスタンスもありだ。エジソンのように、実験を繰り返してほしい。

## 深度

　通常のプッシュアップとパワープッシュアップにはもうひとつ違いがある。深度――胸をどこまで沈めるか――だ。通常のプッシュアップでは関節可動域いっぱいまで使いたいので、地から拳一個程度のところまで胸骨を降下させる。パワープッシュアップでは、そこまで深く沈まなくていい。最大の筋力×スピードを目指す場合、深く沈みすぎると動作がスローダウンし、跳ね返るパワーが弱まる。爆発力を最大化するには、人にもよるが10〜15

CHAPTER 5　パワープッシュアップ――筋力にスピードを乗じてパワーにする――　　93

センチ沈むだけでいい。通常のプッシュアップの1／3くらいだ。体を完全に沈ませるのではなく、腕を使って体を「少し下げる」と考えればいい。実験すればわかる。ある程度、沈み込まなければ、高いところまでの跳ね返りを可能にする弾力が生成できない。一方、沈み込みが過ぎると、腱の弾性力を発揮できる領域から外れる。ベストゾーンを探してほしい。

深いところまで降りるプッシュアップは、筋力を高めたいときはすばらしいものになる…

…しかし、スピードとパワーを高めたいとき、そこまで深く降りる必要はない

## ミオタティックリバウンド（筋伸張リバウンド）

　通常のプッシュアップをやるときは、〝底〟で一時静止することが大切だ——それが、筋力と筋肉を生成するものになる。しかし、パワーとスピードを求めてワークするときは、〝底〟で一時静止しない。重力を利用してできるだけすばやく沈み込み、上方に向かって即座に体を爆発させる。そうすることで、腱に備わる弾性を利用できる。〝筋伸張反射〟を活用することも可能にする（筋伸張反射については、339ページを参照）。このすばやい動作の逆転は、〝弾み〟とは考えず、〝弾性リバウンドを利用した動作〟だと考えることが大切だ。主役は常にあなたであることを忘れないでほしい。

## パワープッシュアップチェーン

　チェーンは、爆発的に〝押す〟動作をもっとも安全に学ぶことができる、インクライン・ポップアップ（ステップ1）から始まる。立った状態で行う弾道プレスだ。これが簡単になったら、ニーリング・プッシュオフ（ステップ2）に移る。かなり瞬発的な動作になるが、ひざまずくことでてこの力がかかり、腕と胸のパワーやミッドセクションの筋力があまりなくてもできるものになる。

　フラットポップアップ（ステップ3）は、ステップ1で学んだ基本的なポップアップ動作を通常のプッシュアップのスタートポジションから行うものだ。ポップアップ（手を使って体を地から20センチほど押し上げること）が容易になると、動作に拍手を加えるクラップ・プッシュアップ（ステップ4）にトライする準備が整う。

　クラップ・プッシュアップをマスターしたら、手を動かす距離を増やしていく。滞空時間を長くしなければならないので、より強力なラウンチングが必要になるだろう。両手で胸を叩き（ステップ5）、次は股関節を叩く（ステップ6）。背中の後ろで手を叩くコンビクト・プッシュアップ（ステップ7）がもっとも難しいバージョンになる。

　ステップ8と9は、空中で手を前に投げ出し、足を後ろに投げ出すことか

CHAPTER 5　パワープッシュアップ——筋力にスピードを乗せてパワーにする——　95

ら、空を飛んでいるように見えるスーパーマン・プッシュアップ（ステップ10）の準備ステップになる。最初に、空中で手を前に出すハーフ・スーパー（ステップ8）をやり、次に、トップ域で地から脚を持ち上げるフルボディ・ポップアップ（ステップ9）を学ぶ。ハーフ・スーパーとフルボディ・ポップアップをマスターしたら、この2つの技術を組み合わせ、手を前に投げ出し、地から足を持ち上げる動作を同時に行う。これがザ・スーパーマン（マスターステップ）だ。

　マスターステップをクリアするには並外れた筋力とスピードが必要になる。自分はパワフルだと言うアスリートの全員が失速して堕ちることになるだろう。パワープッシュアップチェーンを上がってきたあなたなら、宙高く飛ぶことができるはずだ。

# STEP 1

## インクライン・ポップアップ

### やり方

- 胸あたりまでの高さがある、頑丈で安全な対象物を見つける。
- 両手を肩幅ほどに開いて対象物の上に置く。
- 足をバランスが取りやすい広さに離す。
- 脚、股関節、胴部を整列させ、対象物に向かって体を少し傾ける。
- 腕と肩を曲げ、胴部を対象物から数センチのところまで持っていく。
- すぐに対象物を爆発的に押し、腕を伸ばす。指先が対象物から数センチ離れるように強く押すこと。
- 重力が体の動きを逆転させるので、両手で対象物を〝キャッチ〟する。
- 弾性リバウンドを用いて、動作をすぐに繰り返す。

### エクササイズを透視する

〝傾斜〟を使えば、肩、肘、手首の調子を穏やかに整えることができる。これ以降のワークに備えるためのドリルになる。

### リグレッション

対象物に向かって体を傾けず、垂直にした体で押すスタイルにすれば、負荷がさらに小さくなる。とはいえ、パワートレーニングを始める前に関節の調子を整えるという意味ではあまり意味をなさないものになる。

### プログレッション

体を傾斜させるプッシュアップすべてに言えることだが、押す対象物が低いところにあるほど、つまり手を着ける位置を下げて体を傾けるほど、エクササイズが難しくなる。じょじょに低い位置にある表面に移っていけば、難度を高めていくことができる。たとえば、テーブルや作業机から始めてベッドに移り、さらに低い箱のようなものに移っていけばいい。はしごや階段の段を使う方法もある。時間の経過とともに、低い段に移っていけば漸進的エクササイズにできる。どんな対象物を使うにしても、頑丈であるかどうかを事前に確認すること。これはすべてのパワーワークをやる上で欠かせない作業になる。

CHAPTER 5 パワープッシュアップ――筋力にスピードを乗じてパワーにする――

# STEP 2

## ニーリング・プッシュオフ

### やり方

- 地にひざまずき、大腿と体幹を直立させる。両腕を前に出し、緊張させる。
- 胴部が倒れ始めるまで前傾する。大腿、股関節、体幹は整列させたままで。
- 両手を肩幅あるいはそれよりやや広く開き、手のひらで接地する。
- 腕と肩を曲げ、胴部を地に下ろしていく。自信があれば、地の表面近くまで体を沈み込ませてもいい（写真参照）。
- 地をパワフルに押し、腕をまっすぐ伸ばす。
- 大腿、股関節、体幹を整列させたまま、上方に向かってできるだけハードに体を跳ね上げる。
- ひざまずいた最初の姿勢に戻ったら、動きを止める。
- 繰り返す。

### エクササイズを透視する

　この動作をやるには大きな上昇が必要になる。強い男であっても、最初は、ひざまずいた姿勢からのプッシュオフに苦労することがある。それは筋力を欠いているからではない――筋力をパワーに変えるスピードがないからだ。

### リグレッション

　股関節を曲げて同じ動作を行う。もう少しマシなやり方は、膝を支点にしたまま、腕を伸ばした手を地に置き、体を整列させ、そこから同じ動作を行うことだ。手に向かって〝落ちる感覚〟をつかむ助けになるだろう。

### プログレッション

　スピードがつき始めると、このエクササイズが片側でできることがわかる――片腕で押すのだ。これはパンチ力を高める優れた方法になる。このエクササイズを（両腕を使った）通常のプッシュアップスタイルで行うアスリートもいる――膝ではなく自分の足／つま先を支点にするのだ（つまり立ったところから動作を始める）。しかし、それは極端なバリエーションなので、パワーが本当についた後でなければやってはならない。

> ヒント：股関節を曲げれば上半身を垂直に保ちやすくなり、動作が簡単になる。とはいえ、できれば避けたい。

CHAPTER 5　パワープッシュアップ——筋力にスピードを乗せてパワーにする——

# STEP 3

## ポップアップ

### やり方

- しゃがんで手のひらを地に置き、脚を後ろに伸ばす。
- 手のひらを肩の下に移動させ、肩幅、あるいはやや肩幅以上に広げる。
- 快適に感じる幅に足を広げる。このエクササイズの初心者はやや広く足幅を取り、熟練するにつれて近づける。
- 脚、股関節、胴部を整列させる。
- 腕や肩を曲げながら、地に向かって胴部を沈めていく。
- 地を爆発的に押して、腕を伸ばす。地から両手が離れるように強く押す。
- 重力が動作を逆転させるので、両手で地を「キャッチする」。
- 弾性リバウンドを用いて、動作をすぐに繰り返す。

### エクササイズを透視する

　クラップ・プッシュアップ（ステップ4、次だ）をマスターしたいアスリートにとって、魔法的な予備エクササイズになる。上半身にパワーをつけたいと言うと、ほとんどのコーチはクラップ・プッシュアップをやるよう指導するだろう……ところが、いきなりそれにトライしても失敗することが多い。地に激突することすらある。ポップアップが、クラップ・プッシュアップへの橋渡しになる。これは、ほとんどすべてのパワー系のプッシュアップの基礎能力を培うエクササイズになる。

### リグレッション

　手を地から離さず、〝押す〟速度を上げるところから始める。やがて、両手がわずかな距離だけ地から離れるようになる。

### プログレッション

　最初は、地からかろうじて両手が浮くだけだ。ここからできるだけ高さを得ていくことがプログレッションになる。練習を積めば、滞空時間が長くなっていく。滞空時間が長くなればなるほど、困難なステップへのアプローチが容易になる。

# STEP 4

## クラップ・プッシュアップ

### やり方

- しゃがんで手のひらを地に置き、脚を後ろに伸ばす。
- 手のひらを肩の下に移動させ、肩幅、あるいはやや肩幅以上に広げる。
- 快適に感じる幅に足を広げる。初心者はやや広く足幅を取り、熟練するにつれて近づける。
- 脚、股関節、胴部を整列させる。
- 腕や肩を曲げながら、地に向かって胴部を沈めていく。
- 地を爆発的に押して、腕を伸ばす。
- 上向きにできるだけ高く体を跳ね上げ、空中にいる間にすばやく拍手する——聞こえる大きさで。
- 重力が動きを逆転させるので、手のひらを下向きに戻し、両手で地を「キャッチする」。
- 弾性リバウンドを用いて、動作をすぐに繰り返す。

### エクササイズを透視する

　クラップ・プッシュアップは、〝爆発的に押す〟パワーをつくる定番エクササイズだと考えられている——このエクササイズに勤しむと、腕と肩を強くしながら、胴部のパワーとすばやい手を得ることができる。ボクサー、格闘家、フットボール選手などがクラップ・プッシュアップをやる理由はここにある。

### リグレッション

　両手を近くに位置させたところから始めれば、拍手するまでの距離が短くなる。

### プログレッション

　申し分ないフォームになったら、拍手を追加していく。手をすばやく動かして半ダースほど拍手するアスリートもいるが、拍手というより、鳥の羽ばたきみたいに手を合わせているだけだし、滞空時間を稼ぐためにワーミング（92ページ参照）していることがほとんどだ。〝手品〟が上手くなっても意味がない。強くプッシュすることに焦点を当て、鋭く美しい拍手を2回、あるいは3回重ねることを

目的にする。それ以上を目指すなら、拍手を増やすより、手で体を叩くようにする。

ヒント：足を何かの上に置くと強度が上がる。また、足が高いところにあるほど、腕にかかる体重の割合が大きくなる。

# STEP 5

## チェストストライクプッシュアップ

### やり方

- しゃがんで手のひらを地に置き、脚を後ろに伸ばす。
- 手のひらを肩の下に移動させ、肩幅、あるいはやや肩幅以上に広げる。
- 快適に感じる幅に足を広げる。初心者はやや広く足幅を取り、熟練するにつれて近づける。
- 脚、股関節、胴部を整列させる。
- 腕や肩を曲げながら、地に向かって胴部を沈めていく。
- 地を爆発的に押し、腕を伸ばす。
- 体をできるだけ上へと跳ね上げ、手のひらを裏返し、空中にいる間に胸を叩く。
- 重力が動きを逆転させるので、手のひらを下向きに戻し、両手で地を「キャッチする」。
- 弾性リバウンドを用いて、動作をすぐに繰り返す。

### エクササイズを透視する

　空中で手を動かせる距離によって、滞空時間を測ることができる。同じようにその滞空時間によって、上半身のプッシュパワーを測ることができる。これが、胸を叩けるようになることが、拍手するだけの段階から大幅に能力が向上したことを示す理由になる。手の移動距離が長くなるからだ。手のひらを上にし、光速でグイッと引くことになるので、上腕二頭筋がつくるパワーも強くかかわってくる。

### リグレッション

　地を「キャッチする」までに、手を裏返すだけのところから始める。そのうち、胸筋を叩けるようになる。

### プログレッション

　チェストストライクから、ステップ6のヒップストライクへ進む方法はシンプルだ。胸を叩けるようになったら、目的地を肋骨にする。そして叩く。次に、斜筋を目的地にする。そして叩く。そこから股関節までは遠くない。

106

CHAPTER 5 パワープッシュアップ──筋力にスピードを乗じてパワーにする── 107

# STEP 6

## ヒップストライクプッシュアップ

### やり方

- しゃがんで手のひらを地に置き、脚を後ろに伸ばす。
- 手のひらを肩の下に移動させ、肩幅、あるいはやや肩幅以上に広げる。
- 快適に感じる幅に足を広げる。初心者はやや広く足幅を取り、熟練するにつれて近づける。
- 脚、股関節、胴部を整列させる。
- 腕や肩を曲げながら、地に向かって胴部を沈めていく。
- 地を爆発的に押して、腕を伸ばす。
- 体をできるだけ上へと跳ね上げ、手のひらを下方に飛ばして股関節を叩く。
- 重力が動きを逆転させるので、手のひらを下向きに戻し、両手で地を「キャッチする」。
- 弾性リバウンドを用いて、動作をすぐに繰り返す。

### エクササイズを透視する

　クラップ・プッシュアップを楽にできるアスリートも、背中側で拍手するコンビクト・プッシュアップ（ステップ7）をやろうとするとコテンパンになる。プライオメトリクスにするとなおさらだ。ヒップストライクプッシュアップは、体の前で拍手するクラップ・プッシュアップと、背中側で拍手するコンビクト・プッシュアップをつなぐキラーエクササイズになる。

### リグレッション

　股関節まで届かない場合は、胸と股関節の中間にある脇腹を叩く。

### プログレッション

　ヒップストライクからコンビクト（ステップ7）へのステップアップは、アスリートによってはかなり大きなジャンプになる。今までと同様、不可能を可能にするには、不可能に見える1ステップを複数の小さなステップに細分化すればいい。股関節を叩けたら、大腿の側面を叩けるようになるまで、時間をかけて後ろへ後ろへと手をずらしていく。さらに、股関節の後ろに手を上げる。そこから背

の後ろに手を上げられるようになれば、両手を触れさせること（コンビクト・プッシュアップ）が見えてくる。

# STEP 7

## コンビクト・プッシュアップ

### やり方

- しゃがんで手のひらを地に置き、脚を後ろに伸ばす。
- 手のひらを肩の下に移動させ、肩幅、あるいはやや肩幅以上に広げる。
- 快適に感じる幅に足を広げる。初心者はやや広く足幅を取り、熟練するにつれて近づける。
- 脚、股関節、胴部を整列させる。
- 腕や肩を曲げながら、地に向かって胴部を沈めていく。
- 地を爆発的に押して、腕を伸ばす。
- 体をできるだけ上へと跳ね上げ、空中にいる間に両手を後ろに廻して拍手する。
- 重力が動きを逆転させるので、手のひらを下向きに戻し、両手で地を〝キャッチする〟。
- 弾性リバウンドを用いて、動作をすぐに繰り返す。

### エクササイズを透視する

わたしが渡り歩いてきた多くの監獄で、パワー構築のために囚人たちが日常的にやっていたのがこれだ。このエクササイズを〝囚人〟プッシュアップと呼ぶのは、背中の後ろで手を叩くポーズが手錠をかけられるときと似ているからだろう（この用語が嫌なら、ビハインザバッククラップ・プッシュアップと呼べばいい）。

### リグレッション

最初にやるとき、顔から落ちないよう気をつける。この動作に慣れるため、ステップ2と同じように、まずは、膝をついてやることをお勧めする。

### プログレッション

かつて、わたしは、体を跳ね上げたあと、体の前で1回拍手し、空中でフォームを正しく保ったまま、後ろで2回拍手する男を知っていた！崇拝に値する男だ。しかし、それをやるには、パワープッシュアップの天才になる必要がある。

CHAPTER 5 パワープッシュアップ──筋力にスピードを乗じてパワーにする──

# STEP 8

## ハーフ・スーパー

### やり方

- しゃがんで手のひらを地に置き、脚を後ろに伸ばす。
- 手のひらを肩の下に移動させ、肩幅、あるいはやや肩幅以上に広げる。
- 快適に感じる幅に足を広げる。初心者はやや広く足幅を取り、熟練するにつれて近づける。
- 脚、股関節、胴部を整列させる。
- 腕や肩を曲げながら、地に向かって胴部を沈めていく。
- 地を爆発的に押して、腕を伸ばす。
- 体をできるだけハードに上へと跳ね上げ、空中にいる間に両手を頭上まっすぐに伸ばす。
- 重力が動きを逆転させるので、手を体の前に戻し、両手を使って地を「キャッチする」。
- 弾性リバウンドを用いて、動作をすぐに繰り返す。

### エクササイズを透視する

　ハーフ・スーパーは、体の半分——上半身——が〝スーパーマン〟になるところからの命名だ。頭を越えて腕を前方に撃ち出す練習なので、肩を動かすスピードを速くする。この動作はマーシャルアーチストの攻撃・防御技術を高めるものになるだろう。上肢をスーパーマンにすることに慣れたら、次は下肢をスーパーマンにする。それがステップ9のフルボディ・ポップアップだ。

### リグレッション

　最初は片腕だけ伸ばすところから始める。それを左右交互にやる。どちらの手でやるのも容易になったら両手で。ひざまずいたところからハーフ・スーパーをやってもいい。

### プログレッション

　両腕を前方に撃ち出した後、頭頂で拍手するバリエーションがある。地を〝キャッチする〟までの帰り道が本当に遠くなる。

112

CHAPTER 5 パワープッシュアップ——筋力にスピードを乗じてパワーにする——

# STEP 9

## フルボディ・ポップアップ

### やり方

- しゃがんで手のひらを地に置き、脚を後ろに伸ばす。
- 手のひらを肩の下に移動させ、肩幅、あるいはやや肩幅以上に広げる。
- 快適に感じる幅に足を広げる。初心者はやや広く足幅を取り、熟練するにつれて近づける。
- 脚、股関節、胴部を整列させる。
- 腕や肩を曲げながら、地に向かって胴部を沈めていく。
- 地を爆発的に押して、腕を伸ばす。
- 同時に足を伸ばして背後にキックする。できるだけ体を整列させたまま行う。
- 四肢すべてを十分に跳ね上げる。手と足が地から同時に離れるようにする。
- 重力が動きを逆転させるので、両手・両足で地を〝キャッチする〟。
- 弾性リバウンドを用いて、動作をすぐに繰り返す。

### エクササイズを透視する

　ステップ8では、足を地につけたまま、地から上肢を跳ね上げるだけでよかった。ここでは、四肢のすべてを地から跳ね上げる。これ以前のステップの中には、上半身をもっと爆発的にプッシュするものがある（コンビクト・プッシュアップなど）。しかし、フルボディ・ポップアップは、スーパーマンを習得する上で必要不可欠なスキルだ——そのため、ステップ9に置いてある。

### リグレッション

　四肢のうちの3つを地から跳ね上げるところから始める——跳ね上げる手足は変化させること。

### プログレッション

　ワーミング（92ページを参照）すると、このエクササイズはとても簡単になる。逆に言えば、もっとも難しいやり方になるのが、体を完全に整列させて跳ね上げることだ。技術を上達させながら、どんどん高いところまでプッシュしていくようにする。最後の写真でダニーの股関節がどれほど高いところにあるか注目してほしい。

CHAPTER 5 パワープッシュアップ──筋力にスピードを乗じてパワーにする──

# THE MASTER STEP
# STEP 10

# ザ・スーパーマン

## やり方

- しゃがんで手のひらを地に置き、脚を後ろに伸ばす。
- 手のひらを肩の下に移動させ、肩幅、あるいはやや肩幅以上に広げる。
- 快適に感じる幅に足を広げる。初心者はやや広く足幅を取り、熟練するにつれて近づける。
- 脚、股関節、胴部を整列させる。
- 腕や肩を曲げながら、地に向かって胴部を沈めていく。
- 地を爆発的に押して、腕を伸ばす。
- できるだけ上へと体を跳ね上げ、空中で、手を前方に押し出す。
- 同時に足で蹴って、脚を後方に押し出す。できるだけ体を水平に保つ。
- 四肢すべてを十分に爆発させ、両手・両足を地から同時に離れさせることが大切。
- 重力が動きを逆転させるので、両手・両足で地を〝キャッチする〟。
- 弾性リバウンドを用いて、動作をすぐに繰り返す。

## エクササイズを透視する

　ジムにいるアスリートにとって、真似しようにも真似できない自重力の離れ業だ（トライするなら少くともヘルニアになる覚悟が必要になる！）。通常のプッシュアップは、特に、前部チェーン（腹筋、股関節筋、大腿四頭筋）に強く働きかける。後部チェーン（脊椎筋、臀筋、およびハムストリングス）にも負荷はかかるが、ザ・スーパーマンとは比べ物にならない。地から足を跳ね上げるからだ。さらに、両チェーンともに爆発的なパワーが求められる。一方で、プッシュする筋肉（胸筋、上腕三頭筋、肩）には、クンフーの達人並みのスピードとゴリラ並みの筋力が備わっていなければならない。神がヒトに授けた、上半身を対象にした〝完璧な〟爆発的エクササイズとはこれだ。マスターせよ！

CHAPTER 5　パワープッシュアップ──筋力にスピードを乗じてパワーにする──

## GOING BEYOND
# その先へ

　パワージャンプと同様、パワープッシュアップも「その先へ」直線的に進んでいくことができる。回数多く拍手する、もっと高くまで体を跳ばす……いろいろあるだろう。プッシュアップの姿勢から地を押し、そのまま立つ姿勢を取れるアスリートもいる。しかし、体を完全に整列させたままやるのを見たことはない。体が重すぎない人が熱心に練習すれば、これとは逆の動作になる、立ち姿勢からプッシュアップのスタートポジションに入る風変わりなバージョンを身に付けることは可能だろう（341ページを見よ）。

　ザ・スーパーマンに変化を加えることも可能だ。トップポジションで鷲のように腕と脚を広げるバージョン、人呼んでXジャンププッシュアップがそれだ。四肢を大きく動かすので、長い滞空時間と広い股関節の可動域が求められる荒技になる。ハイブリッドバージョンを探求することもできる。たとえば、ザ・スーパーマンで空を飛んだ後に、空中で胸を叩き、背中の後ろで拍手し、さらに後頭部に手を置くといった具合に。ザ・スーパーマンをマスターすれば、凍りつくほどクールなパワープッシュアップへの道が開けるだろう。

### アステカ・プッシュアップ

　スーパーマンよりさらにタフなパワープッシュアップがアステカだ。トップポジションで股関節を高く持ち上げ、指で足首（できれば、つま先）に触れる。難しいエクササイズだが、純粋なプッシュアップとは言えないように思う。上半身をすばやく動かすためのパワーと同等のパワーが、股関節に求められるからだ。

CHAPTER 5 パワープッシュアップ――筋力にスピードを乗じてパワーにする――

## アステカ・プッシュアップ、クロス式

　アステカが簡単にできるようになったら（君は何者だ？　ミュータントか？）、トップポジションで、手で反対側の足に触れるパターンを試してほしい。これが、筋肉の協働力を増幅するアステカ・プッシュアップ、クロス式だ。

自重力を漸進的に極めていくマスターたちは、片側での動作──片手でやること──が、能力を最大限に引き出すことを理解している。ワンアーム・チェストストライク・プッシュアップ（片手で体を跳ね上げ、その手で胸を打つ）は、一見、不可能に思える。しかし、それができるアスリートもいる。アル・カバドロのようにキャリステニクスに取り組めば、〝不可能〟も手が届くところに降りてくる！

　上半身のパワーをさらに得たいときは、ハンドスプリング──フロントハンドスプリング（176ページ）とバックハンドスプリング（214ページ）の探求を勧めたい（もちろん、それぞれのチェーンでステップ１から手順を踏んで、できるようになってからだ）。推進力と高速動作が加わることで、腕と肩のパワーを劇的に高めることができる。その方向に進んでも、基本であるパワープッシュアップは続けてほしい。

## SMALL SPACE DRILLS
## 監房内ドリル

　以下は、ルーチンにバラエティをもたらす３つのスピード＆パワーテクニックだ。さまざまな角度から筋肉に負荷をかける補助的ワークになる。すべてひとりでできるドリルであり、器具を必要としない。チェーンにある漸進的エクササイズと違って、リズミカルに高レップスやれるし、本の中にあるどんなチェーンともうまく合う。そのため、セッション前のウォーミングアップや終了時のエクササイズにすることができる。

### プッシュ・ゲットアップ

　プッシュアップのポジションから、体を沈み込ませて上方へ爆発的に動かし、脚を引き入れて立ち位置で終わる。上半身と下半身を対象にしたエクササイズになり、アステカ・プッシュアップをやるための予備ドリルにもなる。通常のプッシュアップやパワープッシュアップをやった後、プッシュ・ゲットアップ経由で立ち上がるとクールだ。

CHAPTER 5　パワープッシュアップ──筋力にスピードを乗じてパワーにする──　　121

## ラウンド・ザ・クロック・プッシュアップ

　上半身にパワーと持久力をもたらすエクササイズ。プッシュアップの姿勢からパワープッシュアップと同じように体を沈ませ爆発するが、一足分だけ横に手を着地させる。360°回転するまで、足を回転軸にしてリズミカルに（一時停止することなく）動作を繰り返す。時計回りで、あるいは反時計回りで。その二方向を組み合わせてやることもできる。

## 360°ジャンプ

　速い手と速い足はビスケット＆グレービー（ビスケットに肉汁を組み合わせた、アメリカ南部の料理）のようなものだ！360°ジャンプはシンプルながら、そのふたつを得るための効果的なドリルになる。ジャンプして360°スピンし、スタート時と同じ体勢に戻る。難しかったら、180°から始めて（ジャンプし、最初の体勢のちょうど後ろ向きになって着地する）、回転角度を広げていく。右回りと左回りの両方やるのを忘れないようにする。

# LIGHTS OUT!
## 消灯!

　新しいチェーンを習得することは、兵器庫に新たな武器を加えるようなものだ。ジャンプチェーンでは、下半身に最上級のパワーを備えさせた。同等のものを上半身にもたらすのが、それに続くパワープッシュアップチェーンだ。神経系を目覚めさせ、反射神経をよくし、スピードとパワーをもたらし、肩、手、手首、肘、さらに骨までも強くする。のろのろ動く〝普通の男〟を稲妻のようなサイボーグに変えてしまう。パワープッシュアップチェーンを使ってできた上半身には、この先にあるアクロバチックな動作をやるためのパワーが備わっている。

　努力と忍耐。そこに時間を乗じることでスーパーマンになれる。空を飛んで、あなたにとってのロイス・レインを救いに行け!

CHAPTER 5　パワープッシュアップ──筋力にスピードを乗じてパワーにする──　　125

# CHAPTER 6

## キップアップ
## ─クンフーマスターの
## スピードを─
### KIP-UPS KUNG FU BODY SPEED

　キップアップをやってのける男の子がとても少なくなっている。キップアップ？ という人のためにこの動作を説明すると、仰向けになって脚を頭上へと〝巻き上げ〟、その脚を瞬発的に弾き出しながら背中を使って起き上がる動作だ。プロレスラーがマットから立ち上がるときによく使うので、プロレスファンなら「ああ、あれか」とすぐに思い当たるだろう。そのプロレス界にキップアップ部門があるとしたらチャンピオンベルトを腰に巻くのは、間違いなく、ザ・ロックになる。音もなく体を巻き上げたかと思うと、次の瞬間には立っている。猫のように優雅な身のこなし方をする。彼は昔ながらのやり方でそのレベルに達したという。数限りない練習だ。レスリングのトレーニング中は、キャンバスから起き上がるときはキップアップでと、子どもの頃から決めていたという。セッション中、何百回マットに叩きつけられても、疲労困憊していても、起きるときは背中を使った。偉大なるジャッキー・チェンもキップアップの名手だった。彼の初期の映画を観ると、完璧なキップアップを爆発させているのがわかる。以降、カンフー映画に出てくる〝達人〟は、キップアップをやるのがお約束になっている。キップアップは、ストリートダンスやトリッキング（マーシャルアーツにブレイクダンスや体操の動作を組み合わせた技術）の一部にもなっている。

　この動作を男の子たちがやりたがるのは無理からぬ話であり、マスターし

126

ようと涙ぐましい努力をすることになる。わたしの観察だが、完璧にできるようになるのは、おそらく10人のうちの1人くらいだろう。子どもの頃にチャレンジして、結局、できなかった過去を持つ者は多い。ティーンはキップアップをやるのに適した体つきをしているので、大人のアスリートがキップアップを避けるのは仕方がないことかもしれない。しかし、チャレンジしてほしい。クールに見えるだけでなく、キップアップを練習することが、イクスプローシブ・キャリステニクスを極める上でとても有益なものになるからだ。

　どこが有益かって？ まず、手を使って爆発的に体を弾く動作をマスターしていくことが、基本的なバランス感覚と平衡感覚を目覚めさせていく。また、股関節と脊柱に高速のスナップ力が備わってくる。股関節スナップは、フロントフリップやバックフリップといったより、高度で洗練された動作でも大切になる技術だ。キップアップを練習すれば、その黄金律に触れることになり、つまりは、フリップの準備運動をしていることにもなる。

　パワー系のジャンプとプッシュアップをやって、ある程度のパワー（筋力×スピード）が出せるようになったら、スキルベースのチェーンに取り組む準備ができる。イクスプローシブアスリートを目指すなら、最初にマスターしたいのがこのキップアップだ。

## DECONSTRUCTING KIP-UPS
# キップアップを分解する
　以下の要素に留意して練習してほしい。

### ロールアップ（巻き上げ）
　ロールアップとは、仰向けになって膝を頭の近くまで巻き上げる動作だ。キップアップをやるには、爆発的なキックが欠かせない。スーパーアスリートになると、それとなくやるが、通常は、地に横たわり、体をゼンマイのようにきつく巻き上げてキックすることになる。キックするための弾みをつくるとき、もっとも効果的なやり方になるのが、全可動域を使ってロールアッ

プすることだ。ここで膝を頭に近づけるには、腹部のパワーが必要になるのだが、そのパワーを持たない人は少なくない。そのため、キップアップ志願者には、ミッドセクションを鍛えるエクササイズを先行してやるよう勧めている。脚を上げながら腹部を鍛えることができるので、選択するエクササイズがレッグレイズになるのはあきらかだ。腹筋を分離させて刺激しても、ロールアップするときに使う股関節屈筋（太ももを前方に振り出す筋肉）は鍛えられない。クランチ、腹筋マシン、お腹をプルプルさせるオモチャなどのゴミには目をくれるなということだ。

キップアップに先立つロールアップ。

仰向けになってまっすぐ脚を上げる動作（ストレートレッグレイズ）は、楽にロールアップできる体をつくる。

## 手を置く位置

　強くキックするには、ロールアップを安定させることと手で補うことがポイントになる。指を体の下方へ向け、その手を耳のそばに置くようにするのだが、ブリッジに親しんでいたらこのパターンに精通しているだろうし、飲み込みが早いはずだ。すばやく置くことが大切だ。腕もまた、キックとともに体を動かす最初のプッシュを助ける推進力になるのだが、地を押すには、奇妙な角度のように思えるかもしれない。また、ローテーターカフ（回旋筋腱板）が硬いとうまく力を入れることができない。でも、安心してほしい。チェーンを上がっていけばすべてクリアできる。ビッグ6のブリッジに親しんでいるアスリートなら、ひとつひとつのステップがそよ風みたいに感じるはずだ（ブリッジが有益だと言ったことを覚えているかい？）。

ブリッジとそのバリエーションは、この本で紹介するエクササイズの多くに備えるドリルになる。キップアップも例外ではない。手の位置がロールアップするときと同じであることを確かめてほしい（反対側のページ）。

## キック

　キックは、キップアップが難物に見え始めるところだ。キックした瞬間がパワフルでなければならない。手によるプッシュと一緒になって重力をはねのけ、〝体重〟を地から解放する推進力をつくるのがキックだ。ジャンプチェーンで培ってきたものがここで実を結ぶだろう。コツは、ロールアップ

した直後にキックすることだ——ロールアップしたら、すぐ弾む！ そこで手間取ると、ロールアップすることでつくる弾性エネルギーが消えてしまう。〝体を巻き込んだら即爆発！〟だ。ここでほとんどのアスリートが犯す過ちは、外に向かって蹴ろうとすることだ。さらに悪いと、外に蹴った脚を地に向かって下ろそうとする——脚を畳んで着地しようとするからだ。それだとうまくいかない。必要なのは、足をできるだけ速く地に近づけることではない。脚と体を使ってつくり出すパワーを用いて、体を空に向かって高く弾くことだ。蹴り上げることに集中すればそれが可能になる。ここで今、あなたが何を考えているかわかっている——蹴り上げるというならどう回転させるのか、だろう。

### 回転

あなたを回転させるのは脚ではない。股関節、上半身、腕だ。ポイントになるところなので覚えておいてほしい。脚を使って垂直方向（上向き）へパワーを爆発させても、足が上へとまっすぐ飛ぶことはない。そうはできない。深いところまでうまくロールアップすると、脚の方が体の動きに従うようになるからだ。そこで実際に起こるのは、ロックナイフのように体が弧を描いて弾き出すことだ。しかも、すばやく。ウエストが蝶番の役割を果たし、地を押すハンドプッシュと、股関節スナップがあなたを回転させることになる——それは、超高速で行うシットアップのようでもある。足の先、地平線からかなり上にある一点を見続けることが、頭と首を正しい位置に保つだろう。この段階にくると、脚は自ずと地に向かって弧を描いている。ほとんどのアスリートにとって、回転がもっともマスターしにくい部分になるが、一方で、高度なスキル動作のコンディションづくりという意味でかなり有益なものになる。強力な股関節スナップと、高速収縮する腹筋をつくる練習をしているからだ。また、部分（90度）回転することは、運動的な要求度が高くなる（360度回転する）フロントフリップやバックフリップに備えさせるものになる。

### キップアップ チェーン

体を使っていない人にとって、すばやくロールアップする段階から大きな

チャレンジになる。腹筋や股関節屈筋が弱いからだ。ローリングシットアップ（ステップ1）は、キップアップと同様の動作域でミッドセクションを動かして、この領域を鍛えるエクササイズだ。脚を頭の方向へスイングさせやすくなったら、スイングでつくった推進力を前方に向ける方法を学ぶ。これが、ローリングスクワット（ステップ2）だ。

　次のステップから、垂直方向への推進力を加える。ハンドプッシュしながらキックするのが、ショルダーポップアップ（ステップ3）だ。次のブリッジ・キップ（ステップ4）では、脚を使って爆発し、足で着地し始める。ただし立つのではなく、ブリッジをかけて地に足を着ける。次に学ぶのが、股関節スナップ——ウエストを前方へ向かって強く押し出すこと——だ。ブットキップ（ステップ5）は、ウエストを前方に押し出して臀部で着地する動作だ。続くハーフキップ（ステップ6）は移行段階であり、推進力を養うものになる——その推進力が手に入ったところに、クラシック・キップアップ（ステップ7）がある。

　キップアップというと、ほとんどの人はクラシック・キップアップを思い浮かべる。しかし、献身的に練習すれば、さらに高度なバリエーションに到達できる。手をまったく使わないキップアップだ。まず、脚をまっすぐに保つことで動作をタフにする、ストレートレッグ・キップアップ（ステップ8）から始める。膝を動かさないので、股関節と脊柱を高速で弾かない限り立つことができない。腕を動作から外すこともこのエクササイズをタフにし、ウエストをハードに使わなければならなくなる。それが、手を横に出してハンドプッシュを難しくする、ウーシューキップアップ（ステップ9）だ。マスターステップでは、動作から手を完全に外す。それがこのチェーンの頂点になる、ノーハンド・キップアップ（ステップ10）だ。

CHAPTER 6　キップアップ——クンフーマスターのスピードを——　　131

# STEP 1

# ローリングシットアップ

## やり方

- 地に座り、膝を曲げ、かかとを地につける。手のひらは地につけてもいいし、下肢に置いてもいい。
- 脚を体の上にスイングさせながら、背側に転がる。膝は曲げたままにする。
- 体を巻き上げながら、両耳の横に手のひらを下向きにして置く。指は、スタートポジションのときに、足があった方向へ向ける（ブリッジをやるときと同じ手の置き方になる）。体重のいくらかを手のひらに乗せる。
- 脚を後ろにスイングし続け、上背部と肩の上に体を巻き込む。
- 膝を頭に近づける。顔にぶつけないように注意する。
- スタートポジションまでロールバックする。
- 手順を繰り返す。

## エクササイズを透視する

　キップアップに備えて、ミッドセクション、股関節、背部にある筋肉や腱を整えるエクササイズになる。フルキップアップ（ステップ7）をやるのに欠かせない動作パターンの多くがここに含まれている。肩の上に体を巻き込むこと、下肢を後方にスイングさせ、次に前方にスイングさせることなどだ。動作を開始する前に足があった方向に指先を向ける手の置き方もそうだ。キップアップに特有な動作の急反転に対して前庭系を備えさせるものにもなる。衝撃が少ないドリルなので、頻繁に練習でき、基礎固めに役立つ。

## リグレッション

　脚を顔に近づける動作が激しすぎるなら、2番目の写真のように、脚を頭の上に振り上げるところで止める。

## プログレッション

　頭の先にある地につま先が触れるまで体を巻き込む。

CHAPTER 6 キップアップ——クンフーマスターのスピードを——

# STEP 2

# ローリングスクワット

## やり方

- 地に座り、膝を曲げ、かかとを地につける。手のひらは地につけてもいいし、下肢に置いてもいい。
- 脚を体の上にスイングさせながら、背側に転がる。膝は曲げたままにする。
- 体を巻き上げながら、両耳の横に手のひらを下向きにして置く。指は、スタートポジションのときに足があった方向へ向ける（ブリッジをやるときと同じ手の置き方になる）。体重のいくらかを手のひらに乗せる。
- 脚を後ろにスイングし続け、上背部と肩の上に体を巻き込む。
- 膝を頭に近づける。顔にぶつけないように注意する。
- スタートポジションまでロールバックするが、そのときの推進力を使って、地から股関節が離れるまで体をさらに前方へと押し進め、腕を体の前に伸ばしてスクワットの姿勢になる。
- そのまま立ち上がる。
- エクササイズを繰り返す。

## エクササイズを透視する

　ローリングシットアップに立ち上がる動作を加えたのがローリングスクワットだ——そのため、前方へと向かう推進力を大きくする必要がある。キップアップできるかどうかは、前方への十分な推進力を生み出せるかどうかによって決まる。難なくできるようになるまで練習すること。

## リグレッション

　スクワットの姿勢に入るまでの推進力を生成できない人もいる。その場合は、臀部が地に触れたときに両手を地に置き、体を指で押し上げるところから始める。

## プログレッション

　動作を反転させたところで腕を胸の前で折り重ねると、腕による推進力がつくれなくなる。こうすると、脚とウエストだけで必要を満たす推進力をつくるエクササイズに変わる。

CHAPTER 6　キップアップ──クンフーマスターのスピードを──　　135

# STEP 3

## ショルダーポップ

### やり方

・地に座り、膝を曲げ、かかとを地につける。

・脚を体の上にスイングさせながら、背側に転がる。膝は曲げたままにする。

・体を巻き上げながら、両耳の横に手のひらを下向きにして置く。指はスタートポジションのときに、足があった方向へ向ける（ブリッジをやるときと同じ手の置き方になる）。体重のいくらかを手のひらに乗せる。

・足が頭の上に来たら、脚をまっすぐ持ち上げて、垂直方向の推進力を得る。

・同時に手のひらを押し、ちょっとの間、肩と頭を地から3〜5センチ離す。

・腕と肩にある筋肉を緊張させ（圧縮させたバネと考えるといい）、下ろす肩への衝撃をできるだけ和らげる。

・スターティングポジションにロールバックする。エクササイズを繰り返す。

### エクササイズを透視する

　ステップ1と2で、脚とウエストを使って推進力をつくる練習をした。ステップ3は、体を瞬発的に押し上げる作業を行う手首と肩を強くし、それらの部位の調子を整えるものになる。キップアップ（ステップ7）する上で欠かせない技術のひとつである。

### リグレッション

　地から肩が持ち上がらない場合、脚を体の上に持ってくることと、強く垂直に蹴ることに集中する。やがて持ち上げられるようになる。

### プログレッション

　このステップが容易であれば、肩を地からさらに押し上げる。

136

CHAPTER 6　キップアップ──クンフーマスターのスピードを──

# STEP 4

## ブリッジ・キップ

### やり方

・地に座り、膝を曲げ、かかとを地につける。

・ロールバックしながら脚を上にスイングさせ、ブリッジするときと同じように両手を置く（両手の指をスタートポジションのときに足があった方へ向けながら、両耳の横に位置させる）。

・上背部と肩の上に体を巻き込み、曲げた膝を頭に近づけながら、体を硬いボールにするイメージで丸め込む（こうすると、体を弾き出しやすくなる）。

・手のひらを地に向かって押しながら、上方向へ脚を爆発させる。弧を描く脚で丸まった体を〝ほぐし〟ながら推進力を得る。

・その推進力を使って、頭と上背部を地から持ち上げる——腕で押すことがこれを助ける。足が地に達したとき、体を支えているのが両手のひらと両足だけになっているようにする。

・このポジション——ブリッジだ——をちょっと保つ。

・背中を下ろしてエクササイズを繰り返す。

### エクササイズを透視する

　地から、頭、肩、上背部を弾き出す下半身のパワーを生成することがゴールになる。ここでは、ブリッジするにとどめ、前方に回転する必要はない——それはこの先のステップで行うことになる。

### リグレッション

　頭と上背部を地から離せるほどの推進力が出ない場合、上方へキックし弧を描く脚の足先を地に当てる練習から始める。頭と肩は地につけたままでいい。練習を重ねれば、頭と肩が持ち上がるようになる。

### プログレッション

　ブリッジの質を向上させることで動作を洗練させる。最初は、頭が地に近いところにあるセミブリッジ状態までにしか蹴り出すことができない。やがて、腕（そして脚）を完全に伸ばせるようになる。

CHAPTER 6　キップアップ——クンフーマスターのスピードを——　　139

# STEP 5

## ブットキップ

### やり方

・地に座り、膝を曲げ、かかとを地につける。

・ロールバックしながら脚を上にスイングさせ、ブリッジするときと同じように両手を置く（スタートポジションのときに足があった方へ両手の指を向けながら、両耳の横に位置させる）。

・上背部と肩の上に体を巻き込み、曲げた膝を頭に近づけながら、体を硬いボールにするイメージで丸め込む（こうすると、体を弾き出しやすくなる）。

・推進力を得るため、手のひらを地に向かって強く押し、上背部と肩を持ち上げる。同時に脚を弧を描くように爆発させ、その後、地に向かわせることで丸まった体を〝ほぐす〟。

・キック後は、すばやくやるシットアップのように、胴部と両手を前方に向かわせる。

・この段階では足での着地はしない。尻と足で着地し、胴部を直立させる。

・エクササイズを繰り返す。

### エクササイズを透視する

　ステップ4で頭と上背部を地から離すパワーをつくり出せるようになったら、次は、手を地から離し、胴部をさらに前方に進める作業になる。このドリルを使って尻で着地しながら胴体を直立させる技術が習得できれば、次のステップは難しくない。

### リグレッション

　頭と背を地からほんの少し離して尻で着地する姿勢で終わると簡単だ。練習を積むと、上半身が上へと向かう〝シットアップ〟ポジションで終われるようになる。

### プログレッション

　より大きな推進力をつくれるようになると、尻が接地する直前に、足が接地するようになる。そうなれば、ステップ6のハーフキックの入り口に達している。

140

CHAPTER 6　キップアップ──クンフーマスターのスピードを──

# STEP 6

## ハーフキップ

### やり方

- 地に座り、膝を曲げ、かかとを地につける。
- ロールバックしながら脚を上にスイングさせ、ブリッジするときと同じように両手を置く（スタートポジションのときに足があった方へ両手の指を向けながら、両耳の横に位置させる）。
- 上背部と肩の上に体を巻き込み、曲げた膝を頭に近づけながら、体を硬いボールにするイメージで丸め込む（こうすると、体を弾き出しやすくなる）。
- 推進力を得るため、手のひらを地に向かって強く押して上背部と肩を持ち上げる。同時に脚を弧を描くように爆発させ、その後、地に向かわせることで丸まった体を〝ほぐす〟。
- 足が接地しても、胴体と手を前方にスイングし続ける。
- ほんの一瞬でもいいので、尻を落とす前に両足で着地する。
- エクササイズを繰り返す。

### エクササイズを透視する

　脚で弧を描く技術をステップ4で学び、ステップ5では、胴体を前方に向かわせる技術を学んだ。ステップ6では、2つの技術を融合させて体の重心をもっと前方へと押し出す爆発力をつくる練習をする。一瞬でもいいので両足で着地することがゴールになる。

### リグレッション

　キップアップを初めて試みるアスリートが、偶然、この動作を〝発見〟することがある。キップアップした後、重心を前方に十分に押し出せず、スクワットの姿勢が安定しないために後ろに倒れる。その状態はこの〝ステップ6〟に近い──必要なのは練習だけだ。

### プログレッション

　安定した対象物を「捕まえる」トリックを使えば、尻をつく代わりに立ち上がることができる。前方へと向かうニュアンスをつかめるだろう。じゃあ、尻をつ

かない本物のパワーを手に入れるには？ それは、繰り返しに尽きる。

CHAPTER 6　キップアップ──クンフーマスターのスピードを──

# STEP 7

## キップアップ

### やり方

- 地に座り、膝を曲げ、かかとを地につける。
- ロールバックしながら脚を上にスイングさせ、ブリッジするときと同じように両手を置く（スタートポジションのときに足があった方へ両手の指を向けながら、両耳の横に位置させる）。
- 上背部と肩の上に体を巻き込み、曲げた膝を頭に近づけながら、体を硬いボールにするイメージで丸め込む（こうすると、体を弾き出しやすくなる）。
- 推進力を得るため、手のひらを地に向かって強く押し、上背部と肩を持ち上げる。同時に脚を弧を描くように爆発させ、その後、地に向かわせることで丸まった体を〝ほぐす〟。
- 足が接地しても、胴体と手を前方にスイングし続ける。
- 両足の母指球で着地し、スクワットの姿勢を取る。体が安定するまで頭と手を前方へ向かわせ続け、そのまま直立する。
- エクササイズを繰り返す。

### エクササイズを透視する

　マーシャルアーチスト、ストリートダンサー、プロレスラーに愛されている古典的なキップアップがこれだ。爆発力を持つウエスト（股関節と下背部）と超高速で動く脚を持つだけでなく、豹のような俊敏さがなければできない技術だ。ここまで来たら、ブルース・リーのファンから羨望の眼差しで見られるパワーを手にしている。

### リグレッション

　スタンスを広く取ってキップアップすれば、体の下に足を速く持っていくことができる。このステップを最初に試みるときにやるとよい。

### プログレッション

　リグレッションの逆もまた真なりだ——両足の距離を近づけるほど、足で着地するための推進力を大きくしなければならない。キップアップを難しくしたいな

ら、足を近づければいい（これはすべてのキップアップで有効な技術になる）。

# STEP 8

## ストレートレッグ・キップアップ

### やり方

・脚をまっすぐに伸ばして地に座る。

・ロールバックしながら脚を上にスイングさせ、ブリッジするときと同じように両手を置く（スタートポジションのとき足があった方へ両手の指を向けながら、両耳の横に位置させる）。

・脚をまっすぐに保ったまま、上背部や肩に向かって転がる。脚を頭上にスイングさせ、膝を頭に近づける。

・両手を地から離せるよう強く押し下げながら、股関節をまっすぐにすることで脚を上方に爆発させる。

・地から体が離れたら脚を曲げ、体の下に鞭のように打ち下ろす。同時に胴体と腕を使って前方へ向かう動作を続ける。

・接地しようとしているときも、胴体と手を前に進ませ続ける。

・両足を使って着地し、スクワットの姿勢になる。安定するまで頭と手を前方に向かわせ、直立する。

・エクササイズを繰り返す。

### エクササイズを透視する

　通常のキップアップ（ステップ7）が、キップアップチェーンのマスターステップではない。脚をまっすぐにしたところから始めるキップアップは、難度がはるかに高いエクササイズになる。通常のキップアップでは、大腿や臀部にある筋肉を使って脚を伸ばすことで推進力を増やす。まっすぐにしたままの脚だと、股関節とウエストのパワーしか使えないので、はるかにタフなドリルになる。

### リグレッション

　通常のキップアップ（ステップ7）をクリアしているので、曲げた膝に戻って、そこから少しずつ脚を伸ばしていく。膝が曲がっているほど、キップアップが容易になる。

## プログレッション

　座った姿勢からロールバックすると大きな推進力を生成できる。地に平らに横たわったところからロールバックすると、この推進力が小さなものになる（キップアップチェーンのすべてのステップで機能するやり方になる）。

CHAPTER 6　キップアップ——クンフーマスターのスピードを——　　147

# STEP 9

## ウーシューキップアップ

### やり方

・膝を曲げ、地にかかとをつけて座る。

・ロールバックして脚をスイングさせ、腕を体に対して直角に伸ばして地に置く。

・上背部と肩の上に体を転がし、曲げた膝を頭に近づけながら体を硬いボールにするイメージで丸め込む（こうすると、体を弾き出しやすくなる）。

・腕の後ろを下に押しながら、脚を上から下へと弧状に爆発させて丸まった体を〝ほぐす〟。この一連の動作で推進力を得る。

・足が接地しても、胴体と手を前方にスイングし続ける。

・両足の母指球で着地し、スクワットの姿勢になる。体が安定するまで股関節と胸を前方に押し続け、そのまま直立する。

・エクササイズを繰り返す。

### エクササイズを透視する

　通常のキップアップ（ステップ7）から手を使わないキップアップ（マスターステップ）への移行は、片方の腕だけを使うキップアップを練習し、そこから手を使わないでやるスタイルに移ればいいと考えがちだ。しかし、このやり方だとうまくいかない。わたしたちの体は賢いので、片腕で2倍強く押すようになるだけだ。通常のキップアップから手を使わないキップアップに移行する秘訣は、腕の使い方を変えることにある。両耳の横に手を置くステップ8までのスタイルと違って、両腕を伸ばすウーシューキップアップは、腕のパワーをほとんど使えないものにする。

### リグレッション

　手のかたちと腕の位置を変えることがエクササイズを容易にする。ブリッジをやるときと同じ手の位置を取り、手のひらではなく、拳や手の甲を使って押す。そこから少しずつ腕を伸ばしていく。体に対して直角になるのがもっとも難しいバージョンになる。

148

## プログレッション

ステップ8で説明したストレートレッグスタイルでウーシューを行う。

# THE MASTER STEP
## STEP 10

# ノーハンド・キップアップ

## やり方

- 膝を曲げ、地にかかとをつけて座る。
- 腕を体の横につけてロールバックし、脚を上へとスイングする（動作中は腕が地に触れないようにする）。
- 上背部と肩の上に体を巻き込み、曲げた膝を頭に近づけながら体を硬いボールにするイメージで丸め込む（こうすると、体を弾き出しやすくなる）。
- 脚を上から下へと弧状に爆発させて丸まった体を〝ほぐす〟ことで推進力を得る。腕を体の横に保って地につかないようにする。
- 足が接地しても、胴体と腕を前方に進ませる。
- 両足の母指球で着地し、スクワットの姿勢になる。直立するまで腕を体の横に保ったままにする。
- エクササイズを繰り返す。

## エクササイズを透視する

　キップアップ以上に、印象的に、また、爆発的に地から離れる方法をヒトは発明できていない。完璧なキップアップを目の当たりにすると、鋼鉄の首がなければ無理だろうと考える。もちろん、首に問題を抱えている場合、このチェーンは避けた方がいい。しかし、首の筋力はそれほど必要としない——ほんの一瞬、てこの支点として働くだけだ。ここでのパワーは、実際には、ウエストと脚がつくり出す。このチェーンをクリアする頃には、ぶっちぎりのスピードとアジリティ能力が身についている。

　チェーンの中で概説した難度を高める技術を適用すれば、さらに高度なノーハンド・キップアップになる。たとえば、地に体を横たえたところから動作を開始したり（147ページのプログレッション参照）、まっすぐに伸ばした脚でやったりすればいい（ステップ8参照）。腕を胸の前で交差させても、容赦ないエクササイズにできる。

CHAPTER 6　キップアップ——クンフーマスターのスピードを——　　151

# GOING BEYOND
# その先へ

ロールキップ

キップアップのアクロバチックなバリエーション。立ったところから、プレスロール（168ページ参照）の最初の段階を行う。上背部が地に触れた状態はロールアップ（127ページを参照）と変わらない。そのまま弾みを使ってキップアップする。

**ヘッドキップ**

　左ページにあるロールキップの拡張版だ。キップアップは上背部を使って……という決まりはない。練習すれば、頭を使ってやれるようになる（ヘッドスタンドが得意であれば、難しいものではない）。とはいえ、わたしはこの動作をあまり勧めない。パワー獲得にはあまりつながらないし、隠し芸風味が強すぎるからだ。強い首を持ち、しかも冒険心に溢れるアスリートなら探求しがいがあるだろう。

## ディタングブレークフォール

　派手で活気溢れるキップアップをやりたい人向け。マーシャルアーツの世界で編み出された技術で、後ろ向きに沈み込んで、上背部と肩を地につけ、キップアップによるリバウンドを使って立ち上がる。クールな動作だが、慎重の上にも慎重を期して実験を始めてほしい。ノーハンド・キップアップ（ステップ10）が難なくできることが最低条件になる。倒れこむ先に柔らかさやクッション性があることを確認した上でトライする。

　ヒップホップ・ダンスの世界には、ラバーバンディングと呼ばれるもっと過酷なバージョンがある。基本的にはディタングブレークフォールだが、キップアップを介して上背部〜両足を行き来する。ゴールはすべてのレップをリズミカルかつ優雅にやることだ。言うのは簡単だが、行うのは簡単ではない。ヘッドキップやディタングブレークフォールと同じように、エンターティンメント性が高い技術だ。キップアップの可能性のひとつとして示すが、トライするなら、マスター中のマスターになった後にする。1レップの失敗がケガにつながる。脊髄を傷めるといった致命的な不幸に見舞われることもある。

CHAPTER 6 キップアップ──クンフーマスターのスピードを──

# SMALL SPACE DRILLS
## 監房内ドリル

　以下は、ルーチンにバラエティをもたらす３つのスピード＆パワーテクニックだ。補助ワークとして、あるいはさまざまな角度から筋肉に負荷をかけるトレーニングとして使える。すべてひとりでできるドリルであり、器具を必要としない。チェーンにある漸進的エクササイズと違って、リズミカルに高レップスやれるし、本の中にあるどんなチェーンとも相性がいい。セッション前のウォーミングアップや終了時のエクササイズにもなる。

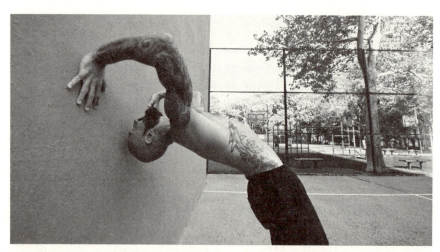

## ブリッジプッシュオフ

　頑丈な壁を背にし、少し離れて立つ。腕をできるだけ曲げながら後方に体を反らし、壁に手を置く。腕がよく曲がったら、もとの姿勢に戻れるよう、すばやく壁を押す。キップアップで手を地につけたときと同じ状況をつくるので、肩と腕の筋肉をキップアップに適したものにする。簡単すぎる場合は、壁から離れるか、片手でやる。

### シッティングキップ

　正座する（この写真では、少し簡単なつま先立ちバージョンを紹介している）。スナップを使って腕と胴部を上へと持ち上げ、できたわずかな空間に脚をさっと入れる。両足で着地する。スピードドリルの好例であり、キップアップに欠かせない股関節のスナップ力をつけるのにいい。この美技の数レップスはどんなルーチンにも追加できる。特にスピードが鈍っていると感じるときに試してほしい。

## プローンキップ

　WWFのスターであるブレット〝ザ・処刑人〟ハートお気に入りの技だった。うつ伏せになって膝を曲げ、その膝と拳で体を支える。手を強く押して跳び上がるが、脚を体の下にさっと入れられる高度を稼ぐ必要がある。立って終了する。拳の代わりに手のひらでやることもできる。古典的なキップアップのバリエーションと言える。

# LIGHTS OUT!
## 消灯!

　この章の冒頭で、男の子のほとんどがキップアップをマスターしたがるという話をしたが、パワーを得たい大人のアスリートにもその気になってもらいたい技術だ。

　年齢にかかわらず、アスリートがキップアップを避ける主な理由は、それを、二者択一——できるか、できないか——の動作として見るからだ。体重が軽くて物怖じしない人なら、最初のトライで成功することがある。できないと思い込んだら、見向きもしない。あなたがキップアップを避けるうちの一人なら、できるかできないかではなく、技術の集積としてキップアップを考えてほしい。確かに、少林寺拳法の達人レベルでなければできないバージョンもある。しかし、通常のキップアップなら、ほとんどだれもができるようになる。ステップ1から始め、ステップを踏んでいけば、体を巻き込んでしならせ、両足で立てるようになる。

　だれだって倒れることがある。だれかが見ていても放っておけ。ソウル界のゴッドファーザー（ジェイムズ・ブラウン）の言葉を借りれば、〝地に倒れろ、そこを抜け出すために起き上がれ！〟だ。

160

# CHAPTER 7

## ザ・フロントフリップ
## ──光の速さを身につける技術──
## THE FRONT FRIP  LIGHTNING MOVEMENT SKILLS

パワーに満ちているし、スピードも出る。機敏に体を動かせもする。関節が強くて筋肉も協働する。反射神経も申し分ない。あなたにその自負があるとする。

それが真実か否かが即座にわかるテストがある──その場で跳び上がり、空中で360度前方回転し、跳び上がったところに両足で着地する。そのテスト中は、手を地につけてはいけない──白か黒かのテストだ。できるなら、あなたの自己認識は正しい。そして、イクスプローシブアスリートのひとりと言える。できないとしたら……できる体になりたくないか？ この章がその助けになるだろう。

テストに使ったエクササイズはフロントフリップだ──パワーとアジリティを象徴するこの動作は、体操競技ではフロントタックと呼ばれている。これをやるには、首からつま先までの全身を一回の動作で鞭のようにしならせる必要がある。高度な技術と瞬発力がなければできないが、体の線が崩れていてもこれをこなす男がいる。そこからわかるように、正しくアプローチすればフロントフリップはだれでもできるようになる。この章で紹介するプログレッションと知識がそのためのツールになる。

## DECONSTRUCTING FRONT FLIPS
# フロントフリップを分解する

　フロントフリップチェーン内にあるランニングフリップ（ステップ9）を例に挙げる。他のステップを構成する要素がほとんど含まれているからだ。そこには5つの大切な要素がある。

## ランアップ（助走）

　立ったところからフリップできない段階では、助走して推進力を増やす。助走することで得た水平方向の推進力をブロッキング（58ページ参照）し、垂直方向の推進力に変えることができればその必要を満たす。そのため、助走は数ステップでいい――ほとんどのアスリートに適しているのは3メートル未満だ。長い助走は走り幅跳びには向くが、フロントフリップ用にはならない。スピードも速めのジョギング程度で十分。スピードを上げるとブロッキングしにくくなるからだ。

## テイクオフ（発進）

　フロントフリップの核となる動作はジャンプ――垂直方向へのパワー――だが、テイクオフするときに真上に跳び上がろうとすると失敗する。前方にある宙へとダイブするイメージに近い。高い壁を越えるために頭からダイブする様を想像してほしい。腕を頭上から下向きにスイングして、直後に胴部を爆発的にシットアップする（起き上げる）だろう？　これが前方回転になると、体幹、胴部、腕のすべてを用いて推進力をつくる必要がある。この推進力を開発するためのベストドリルはすでに登場済みだ――第6章で説明したキップアップだ。フロントフリップとキップアップの違いは、キップアップが部分回転（90度）であるのに対して、フロントフリップが完全回転（360度）するところにある。しかし、使う筋肉は同じ。ある程度のところまでキップアップチェーンを進んでいる、あるいは、キップアップをマスターしているアスリートなら、フロントフリップを習得しやすい体になっている。

## タック

テイクオフした後、胴部を前方に動かす（シットアップする）と同時にタックがくる。タックはフロントフリップを左右する重要な要素になる。体操の世界でフロントフリップをフロントタックと呼ぶことが、その重要さを物語っている。アイススケーターのスピンを見たことがあるだろうか？　彼ら彼女らが脚と腕を引いて体に近づけると、スピンがかなり加速する。これを見たことがあるなら、それは、実際には、アスリートが四肢をきつく引くことで角運動量を増大させる作業を見ていることになる。フリップ中に強くタックするのも同じ理由からだ——タックすれば体がより速く回転し、足で着地することが可能になる。タックで使うのは、股関節とミッドセクションのパワーであり、Chapter 4 のパワージャンプチェーン後半はそれらを鍛えるものになっている。そのためパワージャンプのステップをクリアしていけばうまくタックできる股関節とミッドセクションになっていく。

## アンフュエル（展開）

タックした脚が真上を過ぎ、体が水平方向へと向かったら、次は、タックを解いて畳んだ脚を着地に備えて伸ばす段階に入る。このタイミングが難しい。地が見えないからだ。フリップをやったことがない人は、フロントフリップより、（後ろに跳ぶ）バックフリップの方が難しいと決めてかかるものだが、わたしは、フロントフリップの方が難しいと思う。回転中に地が見えるバックフリップは、畳んだ脚をいつ伸ばしたらいいかを視覚的に判断できる。一方、回転の後半で地が見えないフロントフリップでは、ほとんど盲目的に脚を伸ばすことになる。地がどこにあるかを覚えておいて、本能的な運動タイミングに頼るしかない。経験則から言うと、深いところまでタックした瞬間（できる範囲内で膝が胸部にもっとも近づいたとき）に伸ばすといい。

## ランディング

ここまでの4動作の仕上げが着地だ。とはいえ、ひとつひとつの動作は別の単位ではない——4つの動作が流れるように進まなければ、理想的な着地にはつながらない。ジャンプドリルをたくさんやって、着地するための反射

CHAPTER 7　ザ・フロントフリップ——光の速さを身につける技術——　　163

神経を鍛えるとともに、足、足首、膝にある骨や組織を防弾していく必要がある。尻餅をずいぶんつくことになるだろう。回転しすぎて、膝と手で着地することにもなる。理想的な着地にたどり着くには時間がかかる。G. K. チェスタトンはかつて次のように述べている。「倒れることになる角度は無限にあるが、うまく立てる角度はひとつしかない」と（彼は正しかった。体操選手がうまく演じられなかったように見えるのはどこか？ 着地だ！）。しかし、時間の経過とともに4つの動作が溶け合っていき、洗練された着地ができるようになる。

## THE FRONT FLIP CHAIN
## フロントフリップチェーン

　ステップ1〜4はロール（回転）を学ぶチェーンになる。最初にやるショルダーロール（ステップ1）は、もっともシンプルな前方回転だ。手を使って回転を制御し始めるのがプレスロール（ステップ2）で、ここから、穏やかな力が腕や肩を通過するようになる。この力はジャンプロール（ステップ3）で強くなる。わずかな間ではあるが、地に置いた両手で、回転前の体重をいくらか支えることになるからだ。ハンドスタンドロール（ステップ4）はロールを学ぶ最後のステップであり、ほんの一瞬だが、すべての体重を両手にかけることになる。ロールを学ぶチェーンが終了すると、回転時に自分の体重を保てる腕、肩、背中ができている。すばやく前方回転しても、めまいや吐き気を起こさなくなっているだろう。

　ここまででバックドロップハンドスプリング（ステップ5）にトライする準備が整う。通常のハンドスプリングのように助走し、前方に手をついて回転するが、足と尻で着地するドリルだ。このステップは、ほとんどの人が最初にハンドスプリングにトライしたときの結果に似ている。完全に回転できないので、足だけの着地にならず、尻餅をつく。時間をかけて練習することで、足で着地し、直立するフロントハンドスプリング（ステップ6）に到達する。これを習得したら、その完璧なバージョンであるフライスプリング（ステップ7）に取り組む。ステップ6では、片方の脚をもう片方の脚よりも強くプッシュする。その方がフリップしやすいからだが、フライスプリン

グでは両方の脚を使って均等にプッシュする。フロントハンドスプリングの左右対称版と考えることができる。

　ステップ8から、地に手を触れないフロントフリップへのアプローチが始まる。フロントハンドスプリングと同じように、ここでも、最初は回転力が不足する。そのため、バックドロップハンドスプリング（ステップ5）と同様、足と尻で着地するパターンで練習する——これがバックドロップフロントフリップ（ステップ8）だ。回転力がつき、足で着地し、尻をつかなくなったところがランニングフロントフリップ（ステップ9）だ。ここまで来たら、あとは、助走に使うステップ数を減らしていくことだけ。助走なしの前方宙返りがスタンディングフロントフリップ（ステップ10）になる。助走が必要だったところからのすばらしい跳躍と言える。しかし、基礎的なパワームーブ（ジャンプとパワープッシュアップ）を十分ワークしてきていれば、そして今も続けていれば、そこにスキルを加えることで到達できる世界でもある。

CHAPTER 7　ザ・フロントフリップ——光の速さを身につける技術——　165

# STEP 1

## ショルダーロール

### やり方

- 地に向かってしゃがんでいく（力が強い方の足を少し前方に置くと、やりやすくなる）。
- 体を沈み込ませながら、掌底の端を地に置く——ここでも強い側の手を使う。助けになるなら、空いている方の手を地に着けてもいい。
- バランスを失うところまで、前方へゆっくりと体を下ろしていく。ほとんどの体重を支えるために腕を緊張させる。脚をスイングさせ、同時に、両手を地から上げて頭の方に持っていく。
- 緊張させた腕と肩を使って回転動作をガイドする。頭をたくし込んで地につかないようにする。
- どちらの側にも曲がらないようにしながら、背で転がる。
- しゃがんだ姿勢で、回転を自然に終わらせる。

### エクササイズを透視する

体と関節への負担が最小限になる回転方法だ。柔道や合気道でやる受け身に似ている。先導する上腕が体重を上背部に導くので、エクササイズ中に、手首、肘、肩にかかる負担がごく小さいものになる。とはいえ、穏やかにやること。

### リグレッション

慣れていないと、ロール中に吐き気を催すことがある。最初は、楽に回転できるよう、注意しながら地の近くまで頭を下げ、そこから動作を始める。

### プログレッション

ゆっくりとだが正確なフォームでこのドリルができるようになったら、安全を保ちながらスピードを上げていく。スムーズな動作を保つようにすれば、衝撃を感じずにすむはずだ。すばやくこの動作ができれば、推進力を使って最後に立ち上がることができる。

CHAPTER 7　ザ・フロントフリップ――光の速さを身につける技術――　　167

# STEP 2

## プレスロール

### やり方

- 足を左右対称に置き、地に向かってしゃがんでいく。
- 体を沈み込ませながら、両手のひらを目の前にある地に置く。
- しゃがんで胴体を下ろしていくことで、ゆっくりと体を前方に下ろし続ける。前方へバランスを崩し始めるまでに、脚をまっすぐにする。腕を緊張させ、ほとんどの体重を支える。
- 回転時には、緊張させた腕を使って動作をガイドする。頭をたくし込み、地につかないようにする。頭には体重がかからないことになる。
- どちらの側にも曲がらないようにしながら、背で転がる。
- 座った姿勢で、回転を自然に終わらせる。

### エクササイズを透視する

ハンドスプリングでは、回転する体の圧力を腕で受け止めることになる。ステップ2は、体をコントロールする支点になる手を穏やかに利用し始めるものになる。これ以降のロールドリルでは、上肢を通過する力が漸進的に増加していく。

### リグレッション

回転することが怖い初心者もいるだろう。ゆっくりコントロールしながら頭を下ろしていくこと、丸めた体幹を緊張させる（腹部を緊張させる）こと、さらに柔らかい表面（芝生、カーペットなど）を使うことが、心理的な壁を低くする。

### プログレッション

簡単なプレスロールでは、最初、保護するために頭部をきちんとたくし込みながら、手と上背部が体重を受け持つ。このドリルを難しくするには、手により大きな負荷をかけていけばいい。この場合、上背部が負荷を受け持つのは最後の瞬間だけになる。

168

CHAPTER 7　ザ・フロントフリップ——光の速さを身につける技術——　　169

## STEP 3

# ジャンプロール

## やり方

・足を左右対称に置き、両手を地に近づけるために前方に体を曲げる。

・体を沈み込ませてジャンプし、両手を地に向けたまま胴体を落とす。

・足が地から離れた瞬間に、腕をできるだけ伸ばして手のひらで着地する。体重を手のひらでキャッチすることになる。

・回転時には、緊張させた腕を曲げて動作をガイドする。頭をたくし込み、地につかないようにする。頭には体重がかからないことになる。

・どちらの側にも曲がらないようにしながら、背で転がる。

・回転は自然に終わらせるが、立てるように前方へと十分に回転しなければならない。

## エクササイズを透視する

タフな技術に進む前に脳を、回転運動に慣れさせるドリルだ。体操の世界では、前方へとダイブしながらこのロールを習得することがある――これをダイブロールと呼ぶ。ジャンプロールでは、前方というより、上に跳ね上がることでパワーそのものとそれを支える筋力を強くしていく。

## リグレッション

最初から手のひらを地につけ、それを緊張させたところからジャンプを始める。

## プログレッション

足が地から離れるとき、手が地から高いところにあるほどプライオメトリック的なトレーニングになる（339ページ参照）

170

CHAPTER 7　ザ・フロントフリップ──光の速さを身につける技術──　　171

# STEP 4

# ハンドスタンドロール

## 性能

- 強い方の脚を前に置き、手のひらを地に置き、後ろに位置する脚を後方に上げる。

- 強い方の脚を使って体を押し上げ、もう一方の脚を後ろにスイングしながら上げる。動作が進むにつれ、胴体が垂直になっていくようにする。

- 脚をプッシュ／スイングさせることによる推進力で、脚を胴体の上に運ぶ。つまり、脚を跳ね上げて倒立し、全身を整列させる。

- 倒立を保つ必要はない。前方に倒れ始めたらすぐに腕を曲げ、体幹を丸めていく。

- 回転時には、緊張させた腕を使って動作をガイドする。頭をたくし込み、地につかないようにする。頭には体重がかからないことになる。

- どちらの側にも曲がらないようにしながら、背で転がる。

- 回転は自然に終わらせるが、完全に立てるように前方へと十分に回転しなければならない。

## エクササイズを透視する

〝前方回転〟を純粋に学ぶ最後のドリルになる。脚を体の上へ蹴り上げるための瞬発力がいくらか必要になる。フロントハンドスプリング（ステップ6）に必要な腕の筋力をつくり始めるドリルでもある。

## リグレッション

動作中、腕を曲げたままにすれば簡単になる（倒立の姿勢を取らないことになる）。

## プログレッション

手を地から離したところから始め、手のひらが地に着く直前に跳び上がる。

172

CHAPTER 7　ザ・フロントフリップ──光の速さを身につける技術──

# STEP 5

## バックドロップハンドスプリング

### やり方

- 手を上げて、弾みをつけるために強い方の脚を一歩踏み出し、その強い方の脚で地を蹴る。
- 地に手を向けながら、胴体を下ろす。手が地に近づいたら、上にある脚をスイングさせて上方へと体を跳ね上げる。
- 足が地から離れた瞬間から、腕をできるだけ伸ばし続ける。手のひらで自分を支え続ける。
- ジャンプによる推進力を使って、脚を胴体の上に運ぶ。
- 前方への推進力を使って自分をひっくり返す。回転しながら頭をたくし込み、両手を地からパッと離して体幹を丸める。
- 両手を離した後、最初に地に触れるのが足底になるようにする。
- その足底をショックアブソーバーとして使い、そのまま、臀部、腕、背を地に触れさせる。

### エクササイズを透視する

　フロントフリップをマスターするためのカギとなる、フロントハンドスプリング（ステップ6）のごく近くまでできている。フロントハンドスプリングの最初の部分——逆立ちした状態からの回転——を学ぶドリルが、バックドロップハンドスプリングだ。習得するのに、上半身の爆発力はそれほど必要としない。

### リグレッション

　足をショックアブソーバーとして使えるようになるまで、最初は、臀部か背で着地することになる。それに備えて、必ず柔らかい詰め物を置いて練習すること（枕やクッション、マットレスなどでもいい。想像力を使ってほしい）。

### プログレッション

　上達するにつれ、十分な推進力をつくれるようになり、足で着地した後、尻を落とすだけになる。それを、バックドロップハンドスプリングと、ステップ6のフロントハンドスプリングの間にあるミニステップ——フォールバックハンドス

プリング——と考えてもいい。

警告！ バーティカル（演じているモデル）はアクロバットのマスターであり、硬い地面であってもケガをすることなくフリップができる。初心者は自分を守るために、必ず柔らかい詰め物を使うこと！

# STEP 6

## フロントハンドスプリング

### やり方

・弾みをつけるために助走する。

・強い方の足で勢いよく地を叩いてブロッキングする（58ページ参照）。前の2つのステップでやったように、同時にもう一方の脚をスイングできるので、両足でブロッキングするよりもやりやすい。

・強い方の脚で地を蹴りながら、足を地から離す。手を地に向かって下ろしながら、胴体も下ろす。もう一方の脚は体の後ろでスイングさせて回転の助けとする。

・足が地を離れたら、手のひらで着地し、腕を少し曲げる。手のひらで自分をキャッチすることになる。

・ジャンプによる弾みを使って脚を胴体の上に移動させ、脚を曲げた倒立の姿勢になる。

・倒立は保たない。前方への弾みで体をひっくり返す。

・高さを得るために、腕や手を伸ばす。

・両足で着地するために、胴体を前方に向かって押し続ける。勢いが強すぎたら、前進して勢いを消す。

### エクササイズを透視する

　フロントハンドスプリングはフロントフリップ（マスターステップ）を習得するためのカギになるドリルだ。助走することと地に手をつくことを除けば、フロントフリップでやる動作と同じになるからだ。とはいえ、これ自体が驚異的な爆発力ドリルでもある。正確にこなせたら、助走、ブロッキング、ジャンプ、上半身を使ってのプレス、回転、着地などの基本的なスキルが高いレベルに達している。

### リグレッション

　低くしゃがんだ姿勢になる着地なら回転が小さくてもできる。それでも、最初は、尻餅をつくことになるかもしれない。

176

## プログレッション

回転フォームを改善する。尺度になるのは、低くしゃがんだ姿勢ではなく、できるだけ伸ばした体で着地できるようになること、また、過回転と回転不足を避け、勢いを調整する足の移動なしで着地できるようになることだ。

CHAPTER 7　ザ・フロントフリップ——光の速さを身につける技術——

# STEP 7

## フライスプリング

### やり方

- 弾みをつけるために助走する。
- 両手を投げ下ろしながら、両足でブロックジャンプする（68ページ参照）。
- 両脚で強く蹴り地から足を押し離す。両手を地に下ろしながら、胴体も下ろす。
- 両足が地を離れたら手のひらで着地し、両腕をまっすぐ伸ばす。手のひらで自分をキャッチすることになる。
- ジャンプによる推進力を使って、脚を胴体の上に運ぶ。
- 前方に向かう推進力を使って回転する。高さを得るために、腕や手を伸ばす。
- 両足で接地した後も、胴体を前方に向かわせる。勢いが強すぎたら、前進して勢いを消す。

### エクササイズを透視する

　フロントハンドスプリング（ステップ6）では、強い方の脚で蹴り上げ、ときには足を離して（非対称的に）着地する。フライスプリングでは、両足を揃えてブロック（ジャンプ）し、対称的な位置に両足を着地させる。これには、全身的なパワーが必要になる。フライスプリングにはバウンダー——〝跳ぶ人〟と〝ならず者〟のふたつの意味がある——という別称がある。

### リグレッション

　フロントハンドスプリング（ステップ6）からフライスプリング（ステップ7）へのステップアップが難しい場合は、まず、バックドロップフライスプリングを試してほしい。両足でジャンプするが、バックドロップハンドスプリング（ステップ5）と同じ手順で終了する。

### プログレッション

　助走に使うステップを減らしていけば難度が上がっていく。究極のバージョンは、助走なしでやるフライスプリングだ。助走なしのフロントハンドスプリング（ステップ6）を探求してもいいが莫大なパワーが必要になる。また、それは、フロントフリップにアプローチしていくために必要なものではない。

178

CHAPTER 7　ザ・フロントフリップ──光の速さを身につける技術──　179

# STEP 8

## バックドロップフリップ

### やり方

- 弾みをつけるために助走する。
- 両手を投げ下ろしながら、両足でブロックジャンプ（68ページ参照）する。
- 上向きに激しくジャンプしながら、両手を下ろし続け、丸めた上半身を股関節のところで引き下げる。
- 即座に膝を胸まで引き上げる。つまりはタックするのだが、こうすることでうまく回転できる。
- 回転しながら、脚を伸ばし始める（脚を伸ばすことで、背中より先に足が地に触れるようにする。脊柱を保護するための動作になる。地が柔らかい何かで覆われていても、絶対に背中を平らにして着地しないこと）
- 必ず、最初に地に触れるのが足裏になるようにする。足をショックアブソーバーとして使ったあとに、臀部や背を地に触れさせる。手を地につけることでショックを分散する。

### エクササイズを透視する

　どれだけ知的なプログレッションを使ったとしても、フリップをマスターするまでのプロセスで、尻で着地するときがくる。それは避けられないプロセスの一部であるとも言える。立ち姿勢、あるいは半立ちの姿勢で着地し、しかも、尻をつかない回転力をつくれるようになるまでには時間がかかる。バックドロップフリップがそこへのつなぎ役になる。

### リグレッション

　わたしはいつも〝器具なし〟を推奨するが、フリップ系だけは完全に例外だ。特に、このステップを始めるにあたって、脊柱を保護するためにできるだけで大きくて柔らかい詰め物を敷いておく。厚さがあるマットレスを敷き詰めてもいい。

### プログレッション

　最初は、足よりも臀部で着地することの方が多いだろう。やがて、地に足がかかるようになっていく。ハーフスクワットの姿勢に近い着地になるまで、後ずさ

180

りしながら尻もちをつく期間が続く。常にハーフスクワットに近い着地ができるようになることがゴールだ。

警告！ バーティカル（演じているモデル）はアクロバットのマスターであり、硬い地面であってもケガをすることなくフリップができる。初心者は自分を守るために、必ず柔かい詰め物を使うこと！

CHAPTER 7 ザ・フロントフリップ——光の速さを身につける技術—— 181

# STEP 9

## ランニングフロントフリップ

### やり方

- 弾みをつけるために、数歩、助走する。
- 両足を使ってブロックジャンプ（68ページを参照）する。
- 上向きに激しくジャンプしながら、同時に手を投げ下ろし、丸めた上半身を股関節のところで引き下げる。
- 同時に膝を胸まで引き上げる。きつくタックするほど、うまく回転できる。
- 体が回転し終わったら、体の下にサッと脚を伸ばす。
- 衝撃を吸収するために膝を少し曲げ、母指球で着地する。必要であれば、1～2歩踏み出し（回転不足の場合は、後退する）、体を安定させる。

### エクササイズを透視する

このチェーンのマスターステップ——フロントフリップ——は立ったところから始める。その予備ステップになるランニングフロントフリップには助走がある。そのため、はるかにやりやすいドリルになる。助走すると——ほんの数ステップでも——推進力が加わるからだ（ブロッキングを介してそれが垂直方向の推進力に変わる。58ページ参照）。キャリステニクスでよく使われてきたドリルだが、パルクールやトリッキングの定番ドリルにもなっている。

### リグレッション

恐怖を克服したければ、ここでも柔らかい詰め物を使うようにする——最初はマットレスを。その後は、クッション、枕などを。安全を確保するためだが、墜落の恐怖を克服するための心理的対策にもなる。

### プログレッション

助走時のステップ数を減らしていき、回転するために必要な爆発力をできるだけ自分の体でつくるようにする。

182

ヒント：あまりにも長く、あるいは、あまりにも速く走ると、回転に適した最大高度を得るのが難しくなる。適度な距離と速度で。

# THE MASTER STEP
## STEP 10

# フロントフリップ

## やり方

・両足を肩幅より少し狭くして離し、両腕を頭上に持ってくる。

・さらに弾めるよう、つま先立ちになる。

・膝と股関節を沈ませ、胴体と腕を下向きにスナップしながら、脚を使って上向きに強くジャンプする。

・上へと向かわせる脚のプッシュと下へと向かわせる胴体と腕の押し出しを融合することで体を空中で回転させる。

・足が地を離れたら、すぐに膝を胸に押し込む（タックする）。強くタックするほど、回転が速くなる。立ち位置から始めるフロントフリップの可否を決めるのはスピードだ。下へ向かうときに、手が向こう脛に当たるだろう——タックを強化するために脛や膝をつかむアスリートもいる（76ページのキャッチタックジャンプを参照）。

・体が回転し終ったら、体の下にサッと脚を伸ばす。

・衝撃を吸収するために、膝を曲げて母指球で着地する。バランスを取る必要があれば、両手を体の前に出す。

## エクササイズを透視する

　ジャンプ速度、タックするときの股関節とウエストの瞬発力、腕をスイングさせるスピード、着地時の衝撃を吸収する技術が問われるのがフロントフリップだ。スピード、アジリティ能力、爆発力を求めるアスリートのための〝スーパードリル〟になる。頭上での回転を逆にするだけなので、バックフリップチェーン（次章）の探求に入る前に、フロントハンドスプリング（ステップ6）まで到達していれば、後ろへ回転することが容易になるだろう。後ろへ跳ぶことには恐怖がつきまとうからだ。とはいえ、フロントフリップはスキル的にもパワー的にも、バックフルップより要求されるものが大きい。ランニングフロントフリップ（ステップ9）と、回転速度が求められるフロントフリップ（マスターステップ）の間にも、難度的に大きな隔たりがある。足で着地し、尻をつける〝バックドロップフロントフリップ〟がそこへ導いてくれるものになる。ステップ8を参照し、必ず柔らかい詰め物を使って練習してほしい。究極的には、フロントフリップへ到達するにはひと

184

つのアプローチ法しかない。それは、5つの構成要素——ランアップ、テイクオフ、タック、アンフュエル、ランディング——が目にもとまらない速さでできるようになるまで、より簡単なステップを繰り返し練習することだ。

CHAPTER 7　ザ・フロントフリップ——光の速さを身につける技術——

## GOING BEYOND
# その先へ

パワーを増やすという目的からはちょっとずれるものの、アクロバット的なレパートリーを増やしたいアスリートもいるだろう。バックフリップチェーン（次章）の進捗度合いにもよるが、このチェーンのステップ9（ランニングフロントフリップ）を卒業したら、アクロバット的な動作を組み合わせることが可能になる。コンビネーションへのつなぎ役になるのが、横に回転し、来た方向を向くターンで終了するラウンドオフだ。

## ラウンドオフ

ラウンドオフをやると、その後にアクロバチックな動作を連結させることが可能になる。その名称が示唆するように、あなたを方向転換させる技術だ。前方を向いて動作を開始し、後方（180度反対方向）を向いて動作を終了する。前向きの推進力が後ろ向きの推進力に切り替わるので、そこから、バックハンドスプリングやバックフリップへと移ることができる。

ラウンドオフができるようになったら、以下のコンビネーションが可能になる。

• ラウンドオフからバックハンドスプリングへ
• ラウンドオフからバックフリップへ
• ラウンドオフからバックハンドスプリングへ。そこから、バックフリップへ

……等。もうひとつの興味深い組み合わせは、ハンドスタンド（倒立）にロールを組み合わせてフロントフリップすることだ（ステップ10参照）。ハンドバランシングの仕上げとして、これ以上クールな方法はない。

CHAPTER 7　ザ・フロントフリップ──光の速さを身につける技術──

## カートホイール

　横向きになってシンプルに回転するカートホイールは、簡単なラウンドオフとも言える動作だ。フリップが前や後ろへ回転するパワーをつくるように、カートホイールは横へと回転するパワーをつくる。カートホイールとラウンドオフはパワートレーニングになるので、プログラムに加えてもいい。

　フロントフリップを超えていくことは大きな挑戦になる——それは、アクロバット、トリッキング、一部のマーシャルアーツで演じられる非対称的なフリップへと向かう旅になる。

自重力を使った技術を組み合わせることは創造的な作業になる。わたしのお気に入りは、倒立したところから前方回転し、フロントフリップを爆発させるパターンだ。

CHAPTER 7　ザ・フロントフリップ──光の速さを身につける技術──　189

それ相応のスキルレベルと人並みはずれたパワーがなければ、こういった高度なフリップは演じられない。しかし、スキルとパワーがあればできるものではない。できるかできないかを決めるのは筋肉の整合性だ。興味があれば探ってみるといい。しかし、望むのがパワー、スピード、アジリティであれば、フロントフリップから動く必要はない——パワージャンプとパワープッシュアップの直線的な進化を楽しみながら、フロントフリップのフォームとスピードを洗練させていけばいい。

フロントフリップやバックフリップに〝ねじり〟を加えると、必要とするパワーと難易度が高まり、筋肉の関与も増える。

## SMALL SPACE DRILLS
## 監房内ドリル

　以下は、ルーチンにバラエティをつけるために利用できる3つの技術だ。さまざまな角度から筋肉を訓練する補助的ワークになる。すべて1人でできるドリルであり、器具を必要としない。チェーンにある漸進的エクササイズと違って、リズミカルに高レップスでき、この本の別のチェーンともうまく機能する。この意味で、セッション前のウォーミングアップや終了時のエクササイズとして使うことができる。

## コジャク

　パイクプッシュアップをやるときのように、股関節のところで体を曲げて、手のひらを地に置く。頭蓋骨が地に接触するまで腕を曲げ、そこから、腕を爆発的に伸ばして地から体を押し離す。両手が地を離れたら、体が落ちて、手のひらで自分を〝キャッチする〟までの間に、両手ですばやく頭を叩く。フロントハンドスプリングに欠かせない、瞬発的に〝押し込む〟パワーをつくるドリルになる。

## 小型ロケットエンジン

　世間では〝バーピー〟と呼ばれている。プッシュアップのスタートポジションを取り、膝を胸まですばやく引き寄せ、すぐにスタートポジションに押し戻す。タッキングをパワフルにするエクササイズになる。高レップスやれば心血管系に好ましい影響をもたらす。狭い場所でできる有酸素運動の好例と言える。

## 片側ジャンプ

　ワンレッグスクワットを習得したアスリート向け。片方の足を地から離して曲げ、負荷をかける脚でしゃがみ、跳ね上がる。次にしゃがんだとき〝ピストル〟の姿勢を取ることもできる。そうする場合は、〝底〟で必ず静止すること。筋肉の整合力や着地バランスを向上させる、足首を強化するなど、この動作を繰り返すことには多くのメリットがある。

# LIGHTS OUT!
## 消灯！

アスリートのうちの何パーセントが、立ったところからフロントフリップできるだろうか？　それを予測するのは難しいが、MMAファイター、プロフットボール選手、バスケットボール選手などのスーパーアスリートを対象にしても小さいパーセンテージに収まるのは間違いない。パワー、全身のスピード、アジリティ、スキルが組み合わさった離れ業であり、それぞれの要素に求められるものも大きいからだ。

フロントフリップのエキスパートになることは無理な話ではない。何年もかかるか、短期間で到達できるかはあなた次第だが、約束できることがひとつある。そこに至れば、どこにいようと、居合わせるだれよりも爆発力を持った人間になっている。

この章には、フロントフリップをマスターするためのメソッドを凝縮してある。アスリートたちは、どうトレーニングしたらいいか考えたり、トレーニング情報を求めてマニュアルを読んだりネット検索に時間を費やしている。その時間を、この章に費やしたとしたら？　何年も短縮してフロントフリップができるようになるはずだ。

今すぐ始めたらどうだ？

# CHAPTER 8

## ザ・バックフリップ
### ——究極のアジリティ——
### THE BACK FRIP  ULTIMATE AGILITY

　普通の人が俊敏な動きを思い描くとき、そこに浮かんでくるのはバックフリップ（後方宙返り）だ。そのため、映画の製作者は、あるキャラクターが俊敏であることを印象づけたいときは、いつもバックフリップ（ある種のバックハンドスプリングのときもある）を演じさせる。そのシーンに魅了された子どもたちは、さっそく次の体育の授業でこの美しい技のやり方を先生に聞くだろう。そして、納得できる答えをもらえずがっかりすることになる。あなたもその一人だったかもしれない。この章を読めば、子どもの頃の夢を〝今〟実現できる。

　より難しく、より多くのパワーを必要とするのはフロントフリップ（前方宙返り）の方だ。それなのに、神秘的ともいえるステータスをバックフリップが纏っているのは、後ろへ跳躍するところにあるとわたしは思う。見えない世界へ向かって跳ぶことになるからだ。目は前方を見るようにできている。立体的な視界の中で捕食者や獲物を確認できるので、安心できるし心地よいのは前へ進むときだ。前に向かって歩き、走り、押し込む！ それが普通なのにジャンプして後ろへ宙返りする？ いかれたわけじゃないよね？ と本能が反応するほどの行いになる。

　バックフリップをマスターするのに・い・か・れ・る必要はない。その〝見えない

CHAPTER 8　ザ・バックフリップ——究極のアジリティ——　　195

世界〟を少しずつ体になじませていけばいい。この章で必要になるツールを
紹介したい。

## DECONSTRUCTING BACK FLIPS
## バックフリップを分解する

フロントフリップを逆回転させるのがバックフリップであり、ふたつのエク
ササイズはアクロバット家の兄弟といえる。Chapter 7の「フロントフ
リップを分解する」（162ページ以降）を用いてワークしてきているとした
ら、そこで挙げた要素のすべてがバックフリップにも当てはまる。そのため、
ここではバックフリップチェーンを効率的にステップアップしていくための
ポイントを紹介したい。

### 高く跳ぶ

高くジャンプできればできるほど、完全に回転することが容易になる。つ
まり、パワージャンプをたくさんやれということになる。垂直に跳躍する
ジャンプドリルがベストだ。

### 脊柱を強くする

バックハンドスプリングは、バックフリップチェーンのカギとなる要素を
すべて含んでいる。そして、ビッグ6のひとつ〝ブリッジ〟の爆発的バージョ
ンと見ることができる。後方に向かって高速でアーチをかけることが、両手
を使って地を強く押すことを可能にする。それには、脊柱とその周辺にある
深部組織が強く堅牢でなければならない。そのコンディションを整えてくれ
るのが〝ブリッジ〟だ。特に、ブリッジホールドとブリッジプッシュアップ
が適している。これらのブリッジは、脊柱と肩をモンキーフリップ（マカコ、
ステップ4～6）に備えさせるものにもなる。また、モンキーフリップをや
る段階に入ったら、ゲッコーブリッジを加えるといい。片腕で体を支える
ゲッコーブリッジの動作パターンが、通常とは違うマカコの回転角度に備え
て関節を防弾するものになるからだ。

ワンアームマカコの動きに備えて、腕、肩、背骨を強くするエクササイズになるのがワンアームブリッジだ。

片方の腕と脚を伸ばすゲッコーブリッジは、四肢と体幹にワンアームマカコに似たストレスをかける。ワンアームブリッジ以上の準備動作になる。

バックフリップチェーンを試みる前にブリッジに熟達しなければならないもう一つの理由:バックハンドスプリング(ステップ7)の途中の動作をチェックしてみよう。なにに似ている?

CHAPTER 8 ザ・バックフリップ——究極のアジリティ——

## 腕と肩を強くしておく

　バックフリップを習得するには、最初にバックハンドスプリングのエキスパートになる必要がある。そのバックハンドスプリングでは、肩と手が強い圧力にさらされる。時間をかけて以下のドリルをやることが、それに耐える肩と手をつくる。

- 基本的なプッシュアップ
- パワープッシュアップ
- 壁を使わないハンドスタンド
- 壁を使うハンドスタンド
- ハンドスタンドプッシュアップ

　フルモンキーフリップ（ステップ6）では、一瞬、片方の腕で体を支えることになる。そのため、体重を支えきれずに崩れ落ちたり、関節を傷めたりするリスクが生じる。それを防ぐのが壁を使ったハンドスタンド（ハンド

肩と腕が強いこと。それがバックフリップチェーンの前提条件になる。体重を腕だけで静的に支えられないとしたら、爆発的な動作はなおさら無理だ。

スタンドプッシュアップの方が好ましいが）の練習だ。できれば、ワンアームハンドスタンドをマスターしたい。筋肉、関節、軟部組織、骨がストレスに適応するまでには時間がかかる。うまくできるようになるには定期的なトレーニングが必要だ。

### パワフルにタックする

バックフリップが体操界でバックタックと呼ばれているのには理由がある。膝を上方へ向かわせるタックがパワフルであれば、回転が速まり、余裕を持って着地できるからだ。タックを洗練させるための最良の方法は？ 時間をかけて、パワージャンプチェーンをやることだ。

### 着地法を学ぶ

後方回転がもたらす足、膝、腰への衝撃はかなりのものになる。次のステップを試みる前に、大きくなる衝撃に負けないよう下半身のコンディションを整えていく必要がある——繰り返しになるが、並行して、ジャンプドリルに精を出すことがそれを可能にする。うまく着地できないときはデプスジャンプをやるようにする。対象物に跳び乗るのではなく、その対象物の上から動作を始める。ジャンプダウン（後方または前方に）し、間髪を容れずにジャンプアップする。関節と神経系を着地に慣れさせるすばらしいエクササイズになる。

## THE BACK FLIP CHAIN
## バックフリップチェーン

バックフリップをマスターする上でもっとも大切なのは、ごく簡単なエクササイズから始めることだ。小さな成功体験を練習の初日から積み重ねていくことで、少しずつ後方へと跳ぶ自信をつけていくのだ。チェーンは後方へシンプルに回転するところから始まる。後ろに向かって肩越しに回転するリアショルダーロール（ステップ1）がそれで、比較的安全かつ容易に、アスリートの脳と前庭系を後方への回転に慣らすことができる。次がリアプレスロール（ステップ2）だ。動作に手を関与させることで、腕や肩にいくらかの負荷をかけ始める。

CHAPTER 8　ザ・バックフリップ――究極のアジリティ――　　199

後方回転に慣れたら、ブリッジキックオーバー（ステップ３）に移る。最初にブリッジをかけ、壁か、壁の代わりになる硬い対象物を片方の足で押して後方回転する技術だ。腕がさらに関与するようになり、多くの点で、目指すバックハンドスプリングに似た動作になっていく。

　この段階までくると、後方に回転することが楽しくなってくる。しかし、後方にジャンプして手を着き、回転する（これが、バックハンドスプリングだ）自信はない。ここからの３ステップは、バックハンドスプリングへ少しずつアプローチしていくモンキーフリップ（別名マカコ）シリーズになる。バックハンドスプリングをやる能力と自信が、少しずつついていくよう設計してある。最初は、サイドアングルからやるモンキーフリップであるサイドマカコ（ステップ４）だ。次は、蹴り上げた足を、頭上を越えて後方回転させるバックマカコ（ステップ５）に移る。最後は、同じバックマカコだが、地から手を離したところから始めるフルモンキーフリップ（ステップ６）だ。

　フルモンキーフリップの角度を少し変えれば、バックハンドスプリング（ステップ７）になる。そこに到達したら喜んでいい。バックハンドスプリング自体が離れ業だし、バックフリップへと向かう許可証を手にしたことになる。とはいえ、〝優れたバックハンドスプリングなくしてバックフリップはない〟という通則がある。そのため、先に進むのは、申し分がないバックハンドスプリング――高く、パワフルで、自信に満ちている――ができるようになってからだ。バックハンドスプリング技術を確実にする方法として、ワンアーム・バックハンドスプリング（ステップ８）がある。しかし、このステップは必ずしも必要ではない。

　４点バックフリップ（ステップ９）は、バックハンドスプリングから（手を使わない）バックフリップへとアプローチするための移行ドリルだ。バックハンドスプリングでは、最初のジャンプの後、両手が地に触れ、両足がそれに続く。回転速度を上げることで、地に手を着ける瞬間をできるだけ〝遅らせる〟のだ。進歩するにつれ、両手が地に着いたほんの少し後に両足が触

200

れるようになり、最終的には両手両足が同時に触れるようになる（4点バックフリップの〝4点〟は、両手と両足が同時に着地することを意味している）。

　4点バックフリップに慣れてくると、手よりも足の方が先に地に着くときがくる。通常は、膝を十分にたくし込めて角運動量が上がったときだ（前にも説明したが、回転中のスケーターが腕や脚を体の中心に引き入れるとスピードが上がる。原理は同じで、回転中に膝をタックすると速度が上がる。これがパワージャンプチェーンでタッキングに時間を費やす理由のひとつになっている）。そのうち、常に手よりも足が先に着くようになる。練習を続ければ、地にまったく手を触れることなく動作を終了できるときがくる。それがバックフリップだ。

# STEP 1

## リアショルダーロール

### やり方

- 片方の足を前に出して、地に向かってしゃがんでいく。
- 背骨を前方に曲げ、ゆっくりと臀部に向かって戻す。その方がやりやすければ、後ろ足を後方に滑らせる。
- 強い方の脚を押して推進力をつけ、体を後方に転がす。
- 強い方の肩の上を転がる。同時に、頭の上で足をスイングさせる。頭はタックし続ける。
- 体を肩越しに回転させる。体の後ろで脚が地に接近したら、腕を緊張させて体を後ろへと誘導する。
- 足が接地したら、推進力を使って立ったときに回転が自然に終わるようにする。必要であれば、両手で押す。

### エクササイズを透視する

　衝撃が少ないだけでなく、首と頭蓋骨を保護できる。そのため、初心者にとってベストの後方回転法になる。柔道の後ろ受け身に似ている。正しく行うと、フロントショルダーロール（166ページ）を後ろに向かってやったように見える。

### リグレッション

　頭をタックして安全性を確保しつつ、首を傷めないよう肩と腕の上で後ろへと体を転がす。これが、もっとも簡単な後方回転になる。最初は、やりやすいようフォームを変更してもいい。

### プログレッション

　このドリルをゆっくりやれるようになったら——〝やり方〟で述べたポイントを落とさず実行できるようになったら——そこからは自由にスピードを上げていく。準備ドリルなので爆発的に回転する必要はない。

ヒント：頭や首を使って転がっては
ならない。必ず肩を使うこと。

CHAPTER 8　ザ・バックフリップ——究極のアジリティ——　　203

# STEP 2

## リアプレスロール

### やり方

・両足を左右対称に置き、地に向かってしゃがむ。

・背骨を前に曲げ、ゆっくりと臀部に向かって戻す。

・後ろに寝転び、両脚を頭の上に持っていく。同時に両手のひらを頭の横に滑らせ、腕で押す。

・回転中は、緊張させた腕に体を導かせる――頭をタックし、そこに体重がかからないようにする。

・どちらの側にも逸れないように背中を転がす。

・回転を自然に終わらせる。足が接地したら、低くしゃがむ、あるいは、椅子に座ったときのような姿勢になるよう、手で押す。

### エクササイズを透視する

　フロントフリップチェーンと同じで、このチェーンの初期ステップも、アスリートの脳と神経系を360度回転に慣れさせるためにある。ステップ1で穏やかな後方回転を学んだ後は、（手のひらを介した）腕で上半身をコントロールし始める。

### リグレッション

　腕を通す負荷を小さくする。腕を緊張させて曲げ続けるが、その腕は体をコントロールすることと首を保護することのために使う。推進力だけで回転する。

### プログレッション

　回転中の腕に負荷をかけていく。やがて、押す力で立ち上がれるようになる。そこまでいくと、このチェーンを始めた頃よりもはるかに多くの体重を扱えるようになっている。自信があれば、フロントプレスロール（168ページを参照）の直後にリアプレスロールし、両方を繰り返すシーソードリルをやってもいい。シーソードリルは、フロントショルダーロールとリアショルダーロールを使ってもできる。フロントショルダーロール／リアプレスロールのように、異なる種類を組み合わせることも可能だ。

CHAPTER 8　ザ・バックフリップ──究極のアジリティ──　205

# STEP 3

## ブリッジキックオーバー

### やり方

- 壁、柱、ポールなどの頑丈な垂直物の近くにつま先を位置させ、仰向けになって横たわる。膝はしっかり曲げる。
- 両手のひらを両耳の横に位置させ、指をつま先方向に、肘を天に向ける。
- 腕と脚の力を利用してフルブリッジホールドの姿勢を取る。
- 片方の脚を持ち上げ、足を対象物にしっかり押し付ける。
- 対象物に押し付けた足でコントロールしながら、もう一方の足を地から離す。その足を股関節上に持っていく。
- 腕は緊張させたままにする。もう一方の脚が頭上を通過するまで、対象物を押し付けている足はそのままで。
- 地に両手を着けたまま、片足で着地する。つま先を地にぶつけないよう注意する。

### エクササイズを透視する

　ほとんどのアスリートは両手を使って後方回転する準備ができていない——未体験の負荷に、肩、肘、手首が対応できないからだ。また、突然360度も後方回転すれば、脳や前庭系にストレスがかかる。このステップが解毒剤になる。

### リグレッション

　（壁のような垂直物ではなく）ベッドの上などの平面を足で押すとやりやすい。また、蹴る対象物に高さがあるほど、楽に回転できる。垂直物をプログレッションに使うときも、高い位置に足を置くほど、簡単なエクササイズになる。階段を蹴ることが別のオプションになる。この場合、少しずつ低い段へと移っていく。

### プログレッション

　ある時点まで来ると、地を蹴ってやれるようになる。ただし、このバリエーションはかなり高度なものになる。また、バックハンドスプリングを習得する上で、必ずしも必要がないバリエーションになる。ある程度、低い位置から始められるようになれば十分だ。

CHAPTER 8 ザ・バックフリップ──究極のアジリティ── 207

# STEP 4

## サイドマカコ

### やり方

- 両足をできるだけ近づけ、しゃがんで後ろに体を傾ける。片方の手のひらを体の後ろの地に置き、親指を体の後方へ向ける。内肘を外側に向けてロックし、その腕で体を支える。
- 自由に動かせる腕を頭上に振り上げ、股関節を突き上げる。
- 地を両脚で押して推進力をつくる（押すときに主にする脚は、頭上に振り上げている腕と同じ側にする）。
- ロックした腕を支点にし、その腕から遠い方にある脚を上にスイングし、弧を描くように頭の側面を周回させる。下に位置するもう片方の脚をその動きに従わせる。
- ロックした腕の後ろに両足を接地させる（主にスイングした足が先に接地してもよい）。
- 腕を押しながらその弾みを使って立ち上がる。

### エクササイズを透視する

バックスプリングへの取り組みを容易にするマカコ（モンキー）は、カポエイラでもよく使われるドリルだ。強い肩が必要になるので、ハンドスタンドが確かなものになるまで試みてはならない（198ページ参照）。

### リグレッション

脚をどれだけ高くスイングさせるか、また、どれだけ大きく回転するかが、このドリルのプログレッションの変数になる。足を地に近づけて、小さく回転するところから始める。

### プログレッション

脚を高くスイングさせるほど、難度が上がる。上達するにつれ、頭と同じくらいの高さまで足を上げていく。このドリルは、関節や神経系をバックマカコ（ステップ5）に備えさせる準備運動なので、ここでは、足が頭の高さを超えないようにする。

208

ヒント：腕と肩が安全に回転できるように、開始時に内肘が外を向いていることを確認する。

CHAPTER 8　ザ・バックフリップ――究極のアジリティ――　209

# STEP 5

# バックマカコ

## やり方

- 両足をできるだけ近づけ、しゃがんで後ろに体を傾ける。片方の手のひらを体の後ろの地に置き、親指を体の後方へ向ける。内肘を外側に向けてロックし、その腕で体を支える。
- 自由に動かせる腕を頭上に振り上げ、股関節を突き上げる。
- 地を両脚で押して推進力をつくる（押すときに主にする脚は、頭上に振り上げている腕と同じ側にする）。
- 振り上げた腕を導きにして両脚を上にスイングし、頭上を越えさせる。一瞬、全身が片方の腕で支えられた状態になり、両足が頭上に来る。即座に振り上げている方の腕を地につけ、負荷を分散する。
- 体をひっくり返し、スタート時と同じ向きになって、両足で接地する。しばらくは、ロックした腕と同じ側にある脚が先に接地する期間が続く。やがて左右対称に足が着くようになる。
- 足が接地したら、腕を押しながらその弾みを使って立ち上がる。

## エクササイズを透視する

サイドマカコ（ステップ4）の進化形で、横ではなく、頭上に脚をスイングさせるバージョン。サイドマカコが難なくできるようになるまで、このステップを試みてはならない。ここまでくると、バックハンドスプリングらしきものにかなり近づいている。

## リグレッション

負荷を受け持つ腕の方に体を向け、動作をサイドマカコに戻していくほど簡単になる。

## プログレッション

この動作を完璧にするには、脚を頭の真上で移動させる。動作中、脚がまっすぐになればなるほどエクササイズが難しくなる。負荷をかけない方の腕を、頭の側面近くに振ることがこの動作を助ける。

CHAPTER 8 ザ・バックフリップ――究極のアジリティ――

# STEP 6

## フルモンキーフリップ

### やり方

・両足をごく近づけて立つ。

・手のひらを体の後方にある地へと落としながらしゃがむ。その手が接地する前に上方へと跳躍し始める。足が地から離れたときには、支柱にする（負荷をかける）方の腕の手のひらが接地寸前になっている。

・そうする間に股関節を突き上げ、もう一方の腕を、頭の上、耳の横でスイングさせる。ひねるように体を地に向かわせる。

・スイングさせた腕で脚を導きながら、その脚もスイングさせて頭上を超えさせる。負荷がかかっていない腕を地に伸ばす。

・体をひっくり返し、足を接地させる。

・足が接地したら、腕を押し、その弾みを使って立つ。

### エクササイズを透視する

　モンキーフリップは、ここまでの２ステップで学んだマカコの少し難しいバージョンだ。違いは、サイドマカコとバックマカコが地に手を着けてジャンプし始めるのに対して、モンキーフリップが地から手を離して立ち、そこからジャンプに入るところにある。

### リグレッション

　支柱にする手を、地からほんの少しの距離──３センチほど──離したスクワットの姿勢から動作を始める。慣れるにつれて地までの距離を大きくしていく。

### プログレッション

　支柱にする腕を地に向かわせる瞬間を遅らせていく。また、支柱にする方の手のひらを少しずつ遠くへ置くようにする。

CHAPTER 8　ザ・バックフリップ——究極のアジリティ——

# STEP 7

## バックハンドスプリング

### やり方

- 両足を肩幅に開き、両手は頭の前、あるいはそこから少し高いところに伸ばす。
- 下方から後方へと腕をスイングさせながら、膝と股関節を沈み込ませる。体を下げていく間、前方を見続ける。
- 上後方——ほぼ斜め方向——へ爆発的に跳躍しながら、後方に向かっていく頭の上に手をスイングさせる。
- ジャンプしながら、後ろを見る。背中を少し反らせると回転しやすくなる。両手は視線に従わせる。
- 肩幅程度に離した両腕をロックし、接地させる。
- 体が地に対して垂直になるところにきたら、すばやく足を地に向けてとばす。
- しっかり着地する。必要に応じてステップ（あるいはホップ）しながらバランスを取り、体を伸ばす。

### エクササイズを透視する

　バックハンドスプリングをやる上での最大の障害は、空中で、体が後方へひっくり返ることに対する恐怖だ。モンキーフリップをマスターしていれば、体を傾けてフリップできるようになっている。そのため、この恐怖が小さくなっているはずだ。そして、バックスプリングがひどく挑戦的なエクササイズではなくなっている。

### リグレッション

　モンキーフリップがきっちりできるなら、バックハンドスプリングはそれほど難しいものにはならない。残っているのは不安の最後のひとかけらだ。それは、クッションなどを敷き詰めた上で練習することで払拭する。

### プログレッション

　かがんで着地するスタイルではなく、伸ばした体で着地できるようフォームを改善していく。さらに難度を上げるには、足をくっつけて着地する。

ヒント：椅子に座ろうとしているように、少し後ろに向かって体を下ろす。

CHAPTER 8　ザ・バックフリップ——究極のアジリティ——　　215

# STEP 8

## ワンアーム・バックハンドスプリング

### やり方

- 両足を肩幅に広げて立ち、両手を高く伸ばす。
- 腕を下方から後方へとスイングさせながら、膝や股関節を沈み込ませる。体を沈ませているときは前方を見る。椅子に座ろうとしているように、やや後方に沈み込む。
- 上後方——ほぼ斜め方向——へ爆発的に跳躍しながら、後方に向かっていく頭の上に手をスイングさせる。
- ジャンプしながら後ろを見る。背中を少し弓なりにすると回転しやすくなる。両手は視線に従わせる。
- すぐに片方の腕を伸ばし、頭がある位置の直下の地に手のひらを置く。タイミングが合えば、手を置いた位置が、スイングさせた腕の動作が自然に終わる位置と重なる。もう一方の腕を頭の方へ引き寄せる。
- 体が地に対して垂直になったら、足をすばやく地にとばす。
- しっかり着地する。バランスを取り、体を伸ばす。

### エクササイズを透視する

腕のパワーに頼る代わりに、脚のパワーと推進力に頼るようアスリートに強いるドリルになる。しかし、片腕でやるバックハンドスプリングは、バックフリップの習得に必ずしも必要なステップではない。実際、バックフリップはできてもこのエクササイズができないアスリートが少なからずいる。後方へのハンドスプリングがうまくでき、高度も出せるなら、省いてもいいステップになる。

### リグレッション

片腕でやる自信がつくまで、少し違った両手バージョン——両手を接近させる、両手を非対称に置くなど——で練習する。

### プログレッション

負荷がかかる腕を、ほんの一瞬だけ支柱として機能させるようにする。時間の経過とともに、すばやく接地させるだけで、負荷をかけないようにしていく。

CHAPTER 8　ザ・バックフリップ──究極のアジリティ──　217

# STEP 9

## 4ポイントバックフリップ

### やり方

・両足を肩幅に広げて立ち、両手を高く伸ばす。

・腕を下方から後方へとスイングさせながら、膝や股関節を沈み込ませる。体を沈ませているときは前方を見る。

・上後方——ほぼ斜め方向——へ爆発的に跳躍しながら、向かっていく方向に両手をスイングさせる。ここで心がけるのは、通常のバックハンドスプリングよりも高くジャンプすることだ。

・ジャンプしながら後ろを見る。背中を少し弓なりにすると回転しやすくなる。両手は視線に従わせる。

・体が地に対して垂直になったら、足をすばやく地にとばす。

・腕を下ろすのを可能な限り遅らせる——最後の瞬間まで待つ。ほぼ同時に、両手と両足が接地するようにする。

・両足と両手で体を支えて動作を終了させたら、立ち上がる。

### エクササイズを透視する

バックハンドスプリング（ステップ7）のように腕に頼るのではなく、脚のパワーに頼ることを教えるのがワンアーム・バックハンドスプリング（ステップ8）だ。それは、高さがある跳躍をもたらす。このステップでは、得た高さを用いてバックハンドスプリングよりも早い段階で足を地に向かってとばす練習をする。最初は、両手と両足が接地する時間差に大きな変化はない。しかし、最終的には手と足が同時に接地するようになる。やがて、足が最初に接地するようになる——それがバックフリップだ！

### リグレッション

最初は、両足よりも先に両手が地に着く——それでも結構。より高くジャンプし、すぐに脚を地に向かってとばす練習をしていれば、4点式で着地できるようになる。

218

## プログレッション

　最終的には、両手がつく前に両足が接地するようになる――スクワットしたときのボトムポジションで取る姿勢のように。そうなれば、本質的にはバックフリップに到達している。ここでタッキングを追加してフォームを締める。それが、マスターステップになる。

## THE MASTER STEP
## STEP 10

# バックフリップ

## やり方

- 両足を肩幅に広げて立ち、両手を高く伸ばす。
- 両腕をスイングさせて体の両脇に下ろしながら、膝や股関節を沈み込ませる。体を沈ませているときは前方を見る。
- 上へ向かってハードにジャンプし、向かっていく方向へ両手をスイングする。ジャンプしながら見上げてもいい。後方へジャンプして失敗するアスリートが多い。垂直にジャンプせよ！
- 最大高度まできて、体が完全に伸びたら、膝を胸に向かって可能な限りパワフルに引き寄せる（タックする）。タックによる弾みが回転を助ける。
- 回転し終わったら、両腕を体の側部、または大腿へと移動させる。
- 下に地が見えたら、足をまっすぐ伸ばして接地させる。
- しっかり着地する。バランスを取り、体を伸ばす。

## エクササイズを透視する

　バックフリップへの到達。それは、爆発的な筋力を光速で生成するいくつかの技術を統合できるようになっていること、そのすべての技術が高みに達していることを示している。つまり、必要なとき、即座に、スピード、パワー、アジリティ能力を発揮できる体になっている。クールに見えること以上に大切なのはそこだ。

CHAPTER 8　ザ・バックフリップ――究極のアジリティ――

# GOING BEYOND
## その先へ

　聖なるバックフリップを征服した？ そうなると、アクロバチックな動作を組み合わせたくなるかもしれない。やり方については、フロントフリップの章で詳しく説明している（186ページを参照）。ここでは、別のバリエーションを紹介したい。ほとんどの人はパートナーフリップ（フリップする人の脚をパートナーが持って助ける技術。ピッチタックとも呼ばれている）を見たことがあるだろう。膝までの高さがある対象物に片足を置けば、このやり方を模倣することができる。両足を置く高度なパターンもある。低い壁を対象にしてパルクールよろしくバックフリップするのだ。

壁の上からバックフリップ…

…ジャングルジムのてっぺんからも一発！

別のバリエーションである〝フラッシュキック〟は、片方の脚を伸ばし、もう片方の脚をタックするフリップだ。

フラッシュキックのピーク。ブルース・リーの誇り高き技を修得せよ！

CHAPTER 8　ザ・バックフリップ──究極のアジリティ──　223

バックフリップは、通常、跳び上がった地点とほぼ同じ地点に着地するものだが、そこに変化をつけるバリエーションもある。ジャンプした地点の少し前に着地することをゲイナー、後ろに着地することをルーザーと呼ぶ。片方の脚で跳び上がり、反対側の脚で着地するバックフリップもあり、スイッチフリップと呼ばれている。

跳び上がった地点より前へ着地することをゲイナーと呼ぶ。

## SMALL SPACE DRILLS
## 監房内ドリル

　以下は、バリエーションとして、あるいは、さまざまな角度から筋肉をトレーニングする補助的ワークとして、ルーチンに加えることができる技術だ。すべて一人でやるドリルであり、器具を必要としない。チェーンにある漸進的エクササイズと異なり、リズミカルに高レップスやることができ、この本のいずれかのチェーンで使っても機能することがある。セッション前のウォーミングアップや、フィニッシュ時のエクササイズとして使ってもいい。

**ワンアーム・ウォール・プッシュアウェイ**
　片方の腕を伸ばして壁にもたれかかる。両足は体より後ろに位置させる。片腕でウォールプッシュアップするように腕を曲げ、そこから、爆発的に壁を押して壁から体を離す。まっすぐ立って終了する。肘を強くし防弾するエクササイズになる。難度を上げるときは、両足をもっと後ろに位置させる。

## ドンキーキック

　地に向けて腕をロックする。脚を曲げて、両手のひらと両足で体重を支える。ロバが空中を蹴るように脚を蹴り出し、空中で伸ばす。ウエストの筋肉や腹筋を爆発的に発火させる監房内ドリルはたくさんあるが、ドンキーキックは脊柱と後部チェーンを主に発火させるドリルになる。パワフルな脊椎筋が必要になる、バックハンドスプリングなどのウォーミングアップドリルや補助ドリルになる。

### シザーズジャンプ

　スプリットポジション――片方の脚がもう片方の脚の手前にある――から、沈み込んでランジの姿勢になり、そこから跳び上がる。空中で脚の位置を前後入れ替えて着地する。それを繰り返す。優れたジャンプドリルになる一方で、股関節の動きをすばやくさせるので、どんなフリップにも役立つエクササイズになる。ツイスト（『プリズナートレーニング2』所収）も体幹にある筋肉をいい感じに保ち、瞬発力を備えたものにする補助ワークになる。

# LIGHTS OUT!
# 消灯!

　全身に爆発力がほしいとき、ボックスを使ったプライオメトリクスや、メディスンボールを使ったエクササイズをやる必要はない。ウエイトリフティングにも欠けるところがある。どれも、体全体を動かすエクササイズにはならないからだ。バックフリップこそが、太古の時代のハンターたちが持ち合わせた爆発力を蘇らせる。パワフルなジャンプ、強い股関節、ミッドセクションのタック力、すばやく動く腕、筋肉の統合性、稲妻のような反射神経、そして優れた運動スキルがあるかどうかを問う、全身を対象にした動作だからだ。

　この離れ業は、過去、アスレチックエリートのみが近づけるものだと考えられてきた。それは幻想だ。エリートという言葉そのものが幻想だが、プログレッションを使えば、その幻想を打ち砕くことができる。

　見えない世界へ向かって跳ぶ怖れを克服する。この技術のおもしろさはそこにある。

# CHAPTER 9

## マッスルアップ
### ──瞬発力を最適化する技術──
### THE MUSCLE-UP OPTIMAL EXPLOSIVE STRENGTH

　ヒットチャートに見立てて、人気急上昇中の自重力エクササイズをリストアップすると──そのナンバーワンに輝くのは間違いなくマッスルアップになる。ストリート・キャリステニクスが流行り始めたこと、アル・カバドロのような新世代の自重力マスターがルーチンに採用したことで、マッスルアップに注目が集まっているのだ。嬉しいことに、興味を抱いているアスリートの多くがそれをやりたいと考えている！ しかし、漸進的に進んでいかない限り、そこに到達するのはごくわずかなエンスージアストだけになるだろう。この章では、マッスルアップをマスターするための秘密と戦略のすべてをお教えする。ステップアップしていくだけでいい。ほどなくして、体をないがしろにしながら金や権力に血眼になっている〝男〟たちをバーの上から見下ろせるようになる。それは悪くない気分だ。

　マッスルアップとは？ ごく簡単に言えば、頭上にあるバーからぶら下がり、弾みをつけて胴体を引き上げ、腕を支柱にして上半身をバーの上に押し上げるスーパーエクササイズだ。

　〝マッスルアップ〟という呼称はとても新しい。この用語を聞いても、10年前のキャリステニクス・アスリートたちの99％には何のことやらわからなかったはずだ。40年以上にわたって自重力トレーニングに勤しんできた

CHAPTER 9　マッスルアップ──瞬発力を最適化する技術──　　229

わたしでさえ、〝マッスルアップ〟という用語を最初に聞いたのは2006年のことだ。監獄内での呼び名は、セントリープルアップだった――〝見張り番〟と呼ばれるようになったのは、何かの上に体を引き上げ、遠くを見張る姿を連想させるからだろう。もちろん、体操選手はこのテクニックを知っている――それは、バーや吊り輪などのハンギング系のルーチンを始めるにあたって、彼らが最初にやる動作のひとつでもある。

## BENEFITS OF THE MUSCLE-UP
# マッスルアップの利点

　マッスルアップが流行し始めたのはごく最近だが、この動作自体は新しいものではない。それどころか、霊長類の祖先まで遡ることができるとても古いものだ。動物園に行ってチンパンジーなどの類人猿を観察していれば、枝を使ってマッスルアップする姿を見ることができるかもしれない。樹上を移動することで生き延び、そこで進化した種には、水平に伸びた枝の上に自分を引き上げる能力が必要だった。彼らはマッスルアップかそのバリエーションを頻繁にやっていた。わたしたちヒトもまた、そういった種のひとつに分類される。

　現代へとコマを早送りしても、この〝引き上げて乗り越える〟動作は、依然としてサバイバルツールであり続けている。わたしには、子どもの頃に追いかけられて、壁をよじ登って逃げた経験が何度もある。あなたにもあるかもしれない。そこでよじ登れなかったらどうなるか？　脚や腰をつかまれるか、さらに悪いことが起こるだろう。この理由から、軍事訓練場には必ず壁がある――そして、トレーニーによっては、そこがコース中もっとも過酷なエリアになる。警官や消防士にも〝体を引き上げて乗り越える〟技術が欠かせない。障害物を乗り越える。これこそ、本質的な意味でのサバイバルスキルだ。バーベルカールやベンチプレスをどれだけやっても、生き残る術は学べない。

　身体開発システムが始まって以来、マッスルアップはカリキュラムの中でも重要な位置を占めてきた。それは、古代ギリシャ人やローマ人にとっても、

ジョルジュ・エベルやフランシスコ・アモロスといった初期の体育教育システムの開拓者たちにとっても同じだった。もちろん、ボディビルディングが王座に就いたことで、マッスルアップも滅ぶ運命を免れなかった。そして、腕を使って何ができるかではなく、腕周りのサイズばかりが男たちの関心事になってしまった（その罠に落ちないようにしてほしい）。

　マッスルアップは機能的な体をつくる。なぜか？　パワーとスピードを授けてくれるからだ。また、筋力をつくり、体全体のコンディションを整えるという意味でもユニークなエクササイズになる。筋力という意味では、まず、バーの上に向かうための瞬発的な〝プル〟が必要になる。その直後に、バーを乗り越えるための瞬発的な〝プッシュ〟が必要になる。プルが背中と上腕二頭筋を鍛え、プッシュが胸と上腕三頭筋と肩を鍛える。つまりは上半身全体に大きな負荷がかかる。バーをずっと握っているのでグリップも強くなる。キッピングするために、鋼鉄製の腹筋と運動能力に優れた後部チェーンが求められるし、体をバーに近づけるために股関節を押す力も必要になる。そこに、筋肉の協働力、タイミング、全身の腱の強さが加わらなければマッスルアップは完成しない。その気になれば、プルアップやプッシュアップを一日中やっていられる筋力を持つ男がいた。しかし、全身を同期させる技術——Ｘファクター——を知らずにマッスルアップに手を出したため、プライドをかなり傷つけられる結果が待っていた。圧縮された時間内で瞬発力を生成する秘訣——それがこのＸファクターだ。チェーンの中でこのＸファクターを学ぶことになるが、筋力があるだけではダメなのだ。

　知的なアプローチが必要になる。コーヒーでも飲んで、心を鎮めてから先に進んでほしい。

## DECONSTRUCTING MUSCLE-UPS
# マッスルアップを分解する

　マッスルアップを見た（あるいは、試した）初心者の多くはこう考える。「こいつをやるには人間離れした筋力とパワーが必要になる」と。確かに、筋力とパワーは欠かせない。しかし、マッスルアップ探求の旅に出ると、そ

こにスキルがどれだけ関与してくるかに驚くことになるだろう。楽々とマッスルアップできる筋力と運動能力を持つ男たちであっても、ノウハウを知らない限り、マッスルアップはできない。ここでは、マッスルアップを4要素に分解して説明したい。キッピング、プル、プルオーバー、プレスだ。

## キッピング

　マッスルアップを始めるには、すばやいプルアップではなくキッピングプルアップが必要になる。プルアップのように体を垂直に引くのではなく、後方に体をスイングさせ、それを引き上げつつバーに引き寄せるのだ。ちょっと考えてほしい——体をバーの上に持ち上げるには、まず、股関節をバーに引き寄せなければならない。そうすることでバーに乗りかかること（これがプルオーバーだ）が可能になり、次の、体をバーの上に持ち上げる動作に移ることができる（これがプレスだ）。また、マッスルアップでバーの上に持っていくのは、顎ではなく股関節だ！　このように、通常のプルアップの延長線上にマッスルアップがあるという見方は誤りになる。キッピングが、体を後ろにスイングし、少し弧を描きながら体を振り上げる技術だからだ（後方に体をスイングしたとき、腕をまっすぐ伸ばし続けていれば、弧を描いて体が自然に上がっていく——ブランコや振り子のように——それがキッピングの本質だ）。このときのバックスイングをどんどん高くしていくことが、ひとつのゴールになる。最後には、バックスイングしたときの頭の位置がバーの高さと同じになる（フルキップと呼ばれる）。そこまでの高さを得られれば、マッスルアップするために必要なパワーがつくられている。

1、最初の写真で、グレースは胸や股関節を前方に、肩を後方に押すことで前に向かってスイングしている。同時に、脊柱をしならせ、ブリッジをかけるときほどではないが、体を弓なりにしている。

2、2番目の写真ではリバウンドし始めている。バックスイングし始めるとともに体幹をまっすぐにしている。

3、最後がバックスイングだ。手と腕を引き下げることで後方への弾みをつくっている——肘はこの時点では曲がっていない——体全体を後方に向かって凸状にして、腹筋を〝凹ませる〟。

すべての変化がすばやく起こるが、最終的には、弾みに助けられながらバーの後ろへと向かう。そこが、股関節をすばやく押し上げながら腕を引き、顎、胸、腹部を、上方へと、そしてバーへと向かって爆発できる最高のポジションになる。このようにプルアップとはまったく違う動作になる。

マッスルアップチェーン中のステップすべてでカギとなる技術がスイングキップだ。

## プル

キッピングするので、マッスルアップの〝プル〟は通常のプルアップでの〝プル〟とは違うものになる。ゆっくり体を引き上げる代わりに、ウエストあたりまで腕をすばやく引き戻す──股関節の押し上げと相まって、この一撃が下腹部をバーへと誘導する。

アルが、スイングキップの第3段階（前ページ参照）から、バーに向かって体を引いている。キッピングによってバーの後ろに体があり、そして上向きに弧を描いている。まっすぐな引き上げではないことに注目。股関節を斜め上／前方に押し出しながら、腕を下／後方へと引いている。

### プルオーバー

　次に、バーの上に胴部を持っていく。多くのアスリート——通常のプルアップが得意な人でさえ——が難しさに直面するのがここだ。キッピングとプルが正しくできれば難度が下がるのでこの二つを練習するしかない。プルオーバーにおけるもうひとつのポイントがグリップだ——次のプレスでは、前腕が体全体をプッシュするための支柱になる。そのため、前腕を、バーの周囲で回転させながら、バーの上に持ってくる必要がある。手のひらがバーの周りを回転できるよう、グリップを、一瞬、緩めなければならない。

### プレス

　プルオーバーが完了したら、プッシュするために前腕を垂直（あるいは、ほぼ垂直）にすることがプレス時のカギになる。バランスをとるために脚は前方に傾ける。グリップはフォールスグリップ（親指を使わないグリップ）

を用いる。プルオーバーを学び始める段階（ステップ8）から用いる親指を使わないグリップは、プルオーバー時に手を回転させるためのものだが、同時に、プレスする時の支柱（腕）を支える土台（手のひら）の底面積を広くするためのものでもある。ここからプレスするには筋力が必要になる。それは、パワーではなく、ゆっくり体を押し上げていく筋力だ（この動作はディップのバリエーションだ。できなくても心配しないでほしい。ゼロから始めて筋金入りのディッパーになるまでのチェーンを258ページから紹介している）。

平行バーには高さがないので、プルオーバー / プレスを安全にトレーニングできる。垂直にした前腕、角度をつけた脚が理想的なプルオーバーを可能にする！

CHAPTER 9　マッスルアップ──瞬発力を最適化する技術──

フォールス・グリップで"引く"練習を始めるとちょっと奇妙な感じがする——慣れることができるが。親指以外の指や手首には体重を支える強さがある。また、ぶら下がっているとき、親指はそれほど多くは関与していない。

バーの上に上がると、フォールス・グリップが真価を発揮する。全部の指でバーを握るグリップ（上）とフォールス・グリップ（下）を比較すると、フォールス・グリップの方が、はるかに強力で安定した土台になる。

## THE MUSCLE-UP CHAIN
## マッスルアップチェーン

　多岐にわたるマッスルアップのスキル面に怖気づいているかもしれない。しかし、ステップバイステップで必要なスキルを習得できるチェーンにしてあるので安心してほしい。ステップ1のスイングキップでは、頭上にあるバーからぶら下がり、しならせた体をまっすぐにすることで推進力をつくる方法を学ぶ。ジャンピングプルアップ（ステップ2）では、バーの後ろに位置させた体をバーへと引き寄せる技術を学ぶが、対象物を蹴ってバーへ近づ

く簡単なワークにしてある。ステップ1と2は、両方をマスターできるまで並行して練習してほしい。それが、両動作を組み合わせたキッピングプルアップ（ステップ3）へのアプローチを容易にする。通常のプルアップのように見えるかもしれないがもっと爆発的な動作であり、バーの後方に体をスイングさせた後、バーに向かって体を引き寄せ、顎をバーの上に出すことがゴールになる。

　キップスタイルでバーの上に顎が出るようになったら、パワー強化のステージに入る。体がもっとも高い位置にきたときにバーから瞬間的に手を離すプルアップホップ（ステップ4）からスタートする。うまく手を離せるようになったら、その手で拍手するクラッププルアップ（ステップ5）に移る。ここまでのステップで、余裕を持ってキップ──プルするグルーヴ感をマスターしている必要がある。ステップ5が余裕でできるようになったら、胸をバーに引き寄せ（ステップ6）、さらに、股関節（ステップ7）を引き寄せる練習をする。

　バーに股関節がつくようになったところで〝プル〟をマスターしたことになる。次に学ぶのが体幹をバーの上に引き上げるプルオーバー（234ページ参照）だ。ここで苦労するアスリートが多いので、対象物などからジャンプすることでパワー要素を減らし、プルオーバーというスキルそのものを集中的に練習する。それがジャンピングプルオーバー（ステップ8）だ。この動作が理解できたら、バーにぶら下がったところからやる通常のバープルオーバー（ステップ9）に移る。

　胴部をバーの上に引き上げることが可能になったら、残るのは体を押し上げる〝プレス〟だけだ。それができれば、マッスルアップ（マスターステップ）に到達する。ここで、体をプレスするのに使うのは、パワーやスキルではない。生の筋力だ。しかし、体重全体を水平バーの上に押し上げる筋力──この〝筋力〟は、ホリゾンタルバーディップで使う〝筋力〟と同じだ──がないアスリートもいるだろう。そこで、ホリゾンタルバーディップへと続くディップのプログレッションを258ページから紹介しておいた。

CHAPTER 9　マッスルアップ──瞬発力を最適化する技術──　237

# STEP 1

## スイングキップ

### やり方

- グリップを肩幅に取り、頭上にある水平バーからぶら下がる。肩を脇の下に向かって強く引き下げる（こうすることで肩にあるソケットを保護する）。体を引き締める。
- 腕を後方へと押し、足を体の後ろへ振りながら、股関節と胸を前方に押し出す。体が弓なりになる。膝は少し曲がってもいい。
- 後方に向かって弓なりになった体を保とうとしない。腹筋を収縮させることで、体が弾き出るに任せる。
- 臀部と股関節を弾き返して、両手と広背筋を引き下げる（両腕をまっすぐに保つ）。
- リバウンドのピーク時に、体をやや曲げる。やや足を挙げると体幹が曲がって〝C〟の文字のように見える（股関節だけを曲げるのではない）。これがバックスイングだ。
- 以上説明した、後方〜前方の動作を続ける。弾みをつけていき、バックスイングしたときにできるだけ高度が出るようにする。

### エクササイズを透視する

シンプルなスイングのように見えるかもしれないが、マッスルアップに向かう最初のドアを開けるカギになる。また、瞬発力を培うすべてのバーワークの礎石をつくるドリルにもなる。〝パワー〟を生成するときに使う部位——肩、脊柱、股関節、グリップ、前腕、肘——のコンディションを整える。

### リグレッション

普段、トレーニングしていない人にとって、瞬発力を使うハンギングワークは、最初のステップであってもハードなものになる。このプログレッションを始める前にプルアップに馴染んでおくとハードルが低くなる。それでも難しく感じるようなら、バーからぶら下がるだけのところから始める。次に、振り子のようにゆっくりと振れてみる。前後に振れることに慣れた後、スイングキップのフォームをつくり始める。

238

## プログレッション

　高いところまでバックスイングしていき、キッピングを強くしていく。最終的には頭がバーの高さにくるまでスイングできるようになるが、これはフルキップと呼ばれるより高度な動作になる（274ページを参照）。ここでは、スイングキップに慣れるところまででいい。

ヒント：これは、高レップスやることで恩恵を受けるドリルになるが、レップをカウントする必要はない。フォームが崩れたら止めればいい。

胸と股関節を前方に押し出す…

…そしてバーの後ろへとバックスイングするためにリバウンドする。

# STEP 2

## ジャンピングプルアップ

### やり方

- 肩幅にグリップを取り、頭上にあるバーを握る。
- ここではぶら下がらない。高くないバーを使ったり、頑丈な対象物の上に乗ったりすること（写真参照）で、軽くしゃがんだ姿勢を取る。
- バーを握りながら、スイングキック（ステップ1）のバックスイングを真似て、後ろ上方へと跳ねる。
- 体が上昇したら、腕を引き下ろす。後ろ上方へ跳んでいるので、体をバーに引き寄せる必要がある。
- ジャンプによる推進力と腕の引きを利用して、顎がバーの上にいくよう自分を持ち上げる。
- コントロールしつつ、すばやく体を下げる。

### エクササイズを透視する

　ゆっくりと制御しながらのプルアップを厳密なフォームでやっているだろうか？　それが、筋肉と筋力をつくるためのベストメソッドになる！　しかし、〝瞬発的に引く〟パワー——マッスルアップをやる上で絶対欠かせない要素になる——をつくるには、神経系と運動系のギアをチェンジしなければならない。カギとなるのがこのジャンピングプルアップだ。まっすぐ上にジャンプすれば（そして引けば）バーの上に顎がいく。しかし、ジャンピングプルアップでは、上／後方にジャンプした後、バーに向かって体を引き寄せる——こうすることで、キッピングプルアップ（ステップ3）で行う弧を描く動作を模し、それを練習する。

### リグレッション

　脚力に頼れば頼るほど簡単になる。低いバーを使うか、高い対象物の上からジャンプすればいい。あるいは、高く跳ぶことに意識を集中させる。

### プログレッション

　逆もまた真なりであり、ジャンプする距離が長くなるほどエクササイズが難しくなる。それをプログレッションに利用する。水平バーに高さを求められないと

きは、片脚でジャンプすれば少しタフなエクササイズにできる。この場合、1レップごとにジャンプする脚を代えるようにする。ある時点までくると、バーを握らずにエクササイズを始められるようになる――跳び上がってバーをつかみ、引き上げ/引き寄せる。

ヒント：アルが、上、そしてバーの後ろへとどのようにジャンプしているかに注意――スイングキップを模倣している。

CHAPTER 9　マッスルアップ――瞬発力を最適化する技術――　241

# STEP 3

# キッピングプルアップ

## やり方

- 頭上にある水平バーをつかみ、ぶら下がる。
- グリップをほぼ肩幅に取り、肩を脇の下に向かって強く引き下げる（肩にあるソケットを保護する）。
- スイングキップ（ステップ1）を使って〝引く〟前の弾みをつける。
- バックスイングの頂点に達したら、腕と肩を曲げてバーをプルダウン（下に向かって引く）しながら、股関節を前方に押し出す。
- バックスイングと腕の引きを組み合わせ、顎がバーより高い位置にいくまで、上向きに自分を持ち上げる。
- 動作を逆転させて体をすばやく下ろす。このとき、少し前方にスイングしているように見えるだろう。ボトムポジションに達したら、この弾みを使って胸を前方に押し出し、再度スイングキップする。

## エクササイズを透視する

スイングキップ（ステップ1）とジャンピングプルアップ（ステップ2）を習得しているので、このステップで、二つの動作を組み合わせる。キッピングプルアップは、バーを使ったすべてのパワートレーニングの要になる動作だ。時間をかけてマスターしてほしい。

## リグレッション

スイングキップ1回では弾み（バックスイング）が小さいときは、スイングキップを繰り返して、弾みをできるだけ大きなものにしてからキッピングプルアップに入る。

## プログレッション

最初は、バーの上に顎を出すことが目標になる。それが簡単になったら、エクササイズを厳格化するのではなく（パワーと弾みを削ることにつながるからだ）、バーを超えた頭、さらには肩ができるだけ上にいくようにする。

ヒント：スイングキップ（ステップ1）はバーに向かって爆発するのに適したスキルだ。写真に示されているかどうかにかかわらず、ここから先のステップでは常にスイングキップするようにする。

# STEP 4

## プルアップホップ

### やり方

- 頭上にある水平バーをつかみ、ぶら下がる。
- グリップをほぼ肩幅に取り、肩を脇の下に向かって強く引き下げる（肩にあるソケットを保護する）。
- スイングキップ（ステップ1）を使って〝引く〟前の弾みをつける。
- 後方へのスイングが頂点に達したら、腕と肩を曲げてバーをプルダウンしつつ股関節を前方に押し出す。
- バックスイング、膝がつくる弾み、腕による引きを組み合わせ、上に向かって体を爆発的に持ち上げる。
- 動作のピークでバーからすばやく手を離し、ほんの一瞬、手を持ち上げる。
- バーを握り直して体を下ろし、スイングキップに戻る。

### エクササイズを透視する

　キッピングプルアップを習得したら、次は、空中で拍手するクラッププルアップ（ステップ5）を使って爆発的なパワーを増やす作業に入る。しかし、拍手するには、ベース（水平バー）から離れ、ある程度の〝滞空時間〟を稼がなければならない。その滞空時間をつくるためのドリルがこれだ。パワープッシュアップチェーンではクラップ・プッシュアップ（104ページ）の前段階でポップアップ（102ページ）を練習したが、それと同じ意味がある。

### リグレッション

　最初は、手を離さずに、スピードをつけることに専念する。その後、このエクササイズの〝感じ〟をつかむために、トップポジションで、バーから片手だけ離してみる。この動作は、左右交互に繰り返す。

### プログレッション

　最初は、グリップを握る手を軽く緩めて、すぐにバーを握り返すだけでも上出来だ。それがうまくなったら、ある程度まで手を持ち上げていく。このエクササイズの達人になると、トッポポジションで手のひらをバーから15センチかそれ以

244

上離し、持ち上げることができる。

CHAPTER 9　マッスルアップ——瞬発力を最適化する技術——

# STEP 5

## クラッププルアップ

### やり方

- 頭上にある水平バーをつかみ、ぶら下がる。
- グリップをほぼ肩幅に取り、肩を脇の下に向かって強く引き下げる（肩にあるソケットを保護する）。
- スイングキップ（ステップ1）を使って、〝引く〟前の弾みをつける。
- バックスイングの頂点に達したら、腕と肩を曲げてバーをプルダウンしつつ股関節を前方に押し出す。
- バックスイングと腕による〝引き〟を組み合わせ、上向きに体を持ち上げる。
- 動作のピークで、すばやくバーから手を持ち上げ、聞こえるように拍手する。
- バーを握り直し、体を下ろしてスイングキップに戻る。

### エクササイズを透視する

　拍手する高度を得るには、垂直方向へ高く上がることがポイントになると考えやすい。しかし、そうではない。キッピングプルアップ（ステップ3）で習ったように、曲線を描きながら体を振り上げることがポイントになる。バーの上へ向かうのではなく、バーの後ろにスイングキップすれば、そこに、拍手するのに十分な空間を見つけることができる。バーの上空1マイルまで自分を引き上げる必要はないのだ。できるだけ上昇し、バーから離れようとするスタイルではうまくいかない——チェーンの最初でワークした自然なカーブに従えばいい。

### リグレッション

　トップポジションでバーから片手を離し、もう一方の腕の前腕部分を叩く。左右、交互にやること。

### プログレッション

　想像できると思う——1回の拍手が簡単になったら（！）、2回、3回と拍手を増やしていく。

ヒント：完全に拍手できない場合は、すばやく指を触れるところから始める。

# STEP 6

## チェストプルアップ

### やり方

・頭上にある水平バーをつかみ、ぶら下がる。

・グリップをほぼ肩幅に取り、肩を脇の下に向かって強く引き下げる（肩にある
ソケットを保護する）。

・スイングキップ（ステップ1）を使って、〝引く〟前の弾みをつける。このステッ
プまできたら、パワフルなスイングキップになっていて、以前より高いところ
までバックスイングできるはずだ。

・バックスイングの頂点に近づいたら──頭がバーの高さに近づいたとき──で
きるだけハードに肘を引き戻し始める。

・体の横を通って後ろにくるまで肘を引き戻し続け、胸骨をバーに触れさせる。

・体をすばやく下ろしてスイングキップに戻る。

### エクササイズを透視する

　ステップ5までは、スイングキップのバックスイングを使って、胴体を後方／
上へと引っ張っている。ここでパターンが変わる。バックスイングで出した高み
で、肘を後ろに引き──体の後ろに肘がくるまで──進行方向を変えるのだ。こ
うすることで、胸をバーに引き寄せる。正しく行えば、動作のピークで通常のプ
ルアップのように前腕が垂直になるのではなく、斜めになる。

### リグレッション

　胸骨でバーに触れるのが難しい場合は、胸上部でバーに触れるようにする。慎
重にトライしてほしい。誤って見積もると、顔をバーにぶつけることになるから
だ。

### プログレッション

　スイングキップによる高さが増していったら、それに合わせて胸部のできるだ
け下方をバーに触れさせるようにする。やがて、バーに腹部が触れるようになり、
下腹部に触れるようになる──そうなれば、手際よく次のステップへと移行でき
る。

CHAPTER 9 マッスルアップ──瞬発力を最適化する技術──

# STEP 7

## ヒッププルアップ

### やり方

- 頭上にある水平バーをつかみ、ぶら下がる。
- グリップをほぼ肩幅に取り、肩を脇の下に向かって強く引き下げる（肩にあるソケットを保護する）。
- スイングキップ（ステップ1）を使って〝引く〟前の弾みをつける。
- バックスイングの頂点に近づいたら、両腕をすばやく後方に動かす。これは、進行方向を変えるための後方への短い〝引っ張り〟であり、チェストプルアップで用いた最大可動域を使った〝引き〟ではない。
- 同時に、臀部と後部チェーンを固くし、股関節をバーの方へ押し上げる。下腹部がバーに触れるよう強く押すこと。
- バーを握り直し、体をすばやく下ろしてスイングキップに戻る。

### エクササイズを透視する

　チェストプルアップ（ステップ6）とヒッププルアップの間には大きな違いがある。チェストプルアップでは、動作のピーク時に、腕を用いて体をバーに引き寄せた。ヒッププルアップでは、少し腕を曲げるだけでいい――バーへの引き寄せは、主に股関節の押し出しで行う。ヒッププルアップを習得すれば、マッスルアップの〝引き〟がほとんどできるようになっている。次のステップは、ここで得た〝強さ〟を〝プルオーバー〟へ適用することだ。

### リグレッション

　これまでと同じようにバーに触れる部位を調節する。下腹部をバーに引き寄せられない場合は、まず、上腹部でトライする。

### プログレッション

　ステップ7が常にできるようになったら、プルオーバーするのに必要な高度が手に入っている。しかし、そこからさらに高度を上げていくことも可能だ。大腿上部がバーに触れるようにするのだ。

CHAPTER 9 マッスルアップ——瞬発力を最適化する技術——

# STEP 8

## ジャンピングプルオーバー

### やり方

- 頭上にある水平バーをつかむ。グリップをほぼ肩幅に取り、肩を脇の下に向かって強く引き下げる。
- フォールス・グリップ——親指をバーの上に置く握り方——にする（グリップについては234〜236ページを参照）。
- 低いバー（写真参照）を使うか、片足（または両足）の下に頑丈で表面が平らな台、あるいはそれに準じる何かを置く。脚で押すことができるものであればよい。
- 負荷をかける脚（あるいは両脚）を曲げ、スイングキック（ステップ1）の方向、つまり後ろ上方へとジャンプする。
- ジャンプを使ったバックスイングのピークに近づいたら、腕を後方にすばやく動かし、バーに向かって体を引く。
- 同時に、臀部と後部チェーンを固くして、上腹部をバーに押し込む。
- 胴部をバーに乗せながら、肘を強く引き戻し続ける。
- プルオーバーの姿勢に達したら（234ページ参照）、手首を回転させる。胸がバーを超えていて、バーは上腹部の下にある。脚が少し前方に傾き、前腕がほぼ垂直の支柱として機能している。この位置で一時静止する。

### エクササイズを透視する

ヒッププルアップ（ステップ7）に到達していれば、マッスルアップで使う〝プル〟部分に必要なパワーはすでに手に入っている。あとは、胴部をバーの上に引き上げるスキルを学ぶだけだ。ジャンピングプルオーバーはそのためにある——脚がつくる追加のパワーが、バーの上に体幹を引き上げることを可能にする。ヒッププルアップで培ったパワーを維持するために、このエクササイズはヒッププルアップと並行して練習する。

### リグレッション

（足を置く位置を高くする、バーを低くするなどして）脚力を使えるほど、エクササイズが容易になる。

## プログレッション

（足を置く位置を低くする、バーを高くするなどして）バーまでの距離が長くなるほど、エクササイズが難しくなる。また、片足でプッシュするパターンの方が難しい。

ヒント：高さがないバーを引くことがこの技術を始める最高の方法になる。自信が出てきたら、より高い水平バーに場所を移し、ボックスや椅子などのようなベースを押す（ジャンプする）ようにする。

CHAPTER 9　マッスルアップ——瞬発力を最適化する技術——

# STEP 9

## バープルオーバー

### やり方

- 頭上にある水平バーをつかむ。グリップをほぼ肩幅に取り、肩を脇の下に向かって強く引き下げる。
- フォールス・グリップ——親指をバーの上に置く握り方——にする（グリップについては234〜236ページを参照）。
- スイングキップ（ステップ1）を使って〝引く〟前の弾みをつける。
- バックスイングの頂点に近づいたら、両腕を後方にすばやく動かす。
- 同時に、臀部と後部チェーンを固くし、上腹部をバーの方へ押し込む。
- 胴部をバーに乗せながら、肘を強く引き戻し続ける。脚を傾け続けることがこれを助ける。
- プルオーバーの姿勢に達したら（234ページ参照）、手首を回転させる。頭と胸がバーを越えていて、そのバーは上腹部の下にある。両脚は持ち上がっている。また、前腕がほぼ垂直の支柱として機能している。この位置で一時静止する。

### エクササイズを透視する

　爆発的な筋力をつくるドリルになる。体重を引き上げるだけでなく、バーの上へと持ち上げる動作が身につくので、行く手を、木、フェンス、壁などに阻まれても危機から脱出できるようになる。ここで腕をまっすぐプレスすれば、マッスルアップの完成だ。

### リグレッション

　バーの上に乗りかかった体幹を前方に向かって十分に移動できないと、バーの上で一時静止することが難しくなる。最初は、動作を完成させることに専念する。そのうち、一時静止できるようになる。

### プログレッション

　バーの上を前方へと体を回転させて動作を終了する。

254

ヒント：このチェーンには強力なグリップが必要になるが、一方で、動作のトップでグリップを緩める方法を学ぶ必要がある。そうしないと、前腕が回転しない。

## THE MASTER STEP
### STEP 10

# マッスルアップ

## やり方

- 頭上にある水平バーをつかむ。グリップをほぼ肩幅に取り、肩を強く引き下げる。
- フォールス・グリップ——親指をバーの上に置く握り方——にする（グリップについては234〜236ページを参照）。
- スイングキック（ステップ1）を使って〝引く〟前の弾みをつける。
- バックスイングの頂点に近づいたら、両腕を後方にすばやく動かす。
- 同時に、臀部と後部チェーンを固くし、上腹部をバーの方へ押し込む。
- 胴部をバーに乗せながら、肘を強く引き戻し続ける。脚を持ち上げることがこれを助ける。
- プルオーバーの姿勢に達したら、手首を回転させる（234ページ参照）。頭と胸はバーを越えていて、バーは上腹部の下にある。両脚は持ち上がっている。また、前腕がほぼ垂直の支柱として機能している。
- 腕をまっすぐにすることで体を〝プレス〟する。〝プレス〟中に、遠くまで見渡すような感じで首を伸ばすと助けになる。トップ位置で静止する。

## エクササイズを透視する

　ほかの筋力エクササイズと違い、マッスルアップには、強い〝プル〟と、強い〝プッシュ〟が含まれている——そこに、スピード、パワー、バランス、タイミング、全身の調整能力、鉄のようなミッドセクションが加わらなければ、この離れ業は完成しない。マスターした者が自重力世界で嫉妬の対象になるのは、不思議でもなんでもないことだ。

256

通常、バープルオーバーをマスターしたアスリートはマッスルアップができる——唯一の違いは、自分の体重を、通常のディップの約半分ほどの長さで押し上げることだ。ディップの開発が遅れているとしたら、次ページからの漸進的ディップに励んでほしい。

CHAPTER 9 マッスルアップ——瞬発力を最適化する技術——

## BONUS PROGRESSIONS:DIPS
# ボーナスプログレッション:ディップ

　マッスルアップ最後の主要動作になるのが、水平バーの上に体を押し上げる〝プレス〟だ。スピードや弾みに頼ることはできず、持ち合わせている筋力で体をプレスすることになる。マッスルアップの中にあるこの〝ディップ〟に多くのアスリートが苦労するのだが、それを解決するのがディップチェーンになる。

　そのマスターステップに当たるホリゾンタルバーディップ（水平バー上のディップ）が、マッスルアップの〝プレス〟と同じ動作だからだ。これが最後のピースであり、そこをはめればマッスルアップが完成する。

　普段のルーチン内にディップを入れるべきか？　わたしはプッシュアップの大ファンであり、〝プッシュ〟の核にそれを置いているので、ディップはあまりやっていない。しかし、マッスルアップを習得したいなら、ディップを補助ドリルにすることをお勧めしたい。キャリステニクスの達人の中にも──特にアル・カバドロとマット・シファールだが──普段のルーチンにディップを組み込み、常にやっている者もいる。

　ディップの多くはパワーエクササイズではない。しかし、マッスルアップに役立つものになるので、ここに10段階の漸進的なディップ・チェーンを示したい。〝トレーニングゴール〟は省いてある。各ステップのエキスパートになるまで、エクササイズから〝搾乳〟しながら工夫を重ね、ステップアップしていってほしい。また、プログレッションの後に、いくつかのバリエーションを紹介している。

## 1 ベントディップ

地の上に足を置き、体重がそれほどかからないよう、膝をよく曲げる。

## 2 ストレートディップ

脚をまっすぐにすると、上半身がより多くの負荷を受け持つようになる。

CHAPTER 9 マッスルアップ——瞬発力を最適化する技術——

## 3    フィートエレベーティドディップ

対象物の上に足をかけると、重心が後ろ、つまり、手の方へ移動する。

## 4    フィートアップパラレルバーディップ

このバリエーションは、平行バーで行うもっとも簡単なやり方になる。

## 5　セルフアシステッドパラレルバーディップ1

対象物の上に足を置いて補助すると、足をつけたポイントを通して動作を助けてくれる。

## 6　セルフアシステッドパラレルバーディップ2

足の甲のもっとも高い部分で押すようにすると、かかる負荷が増える。

## 7 パラレルバーディップ

定番のディップ。後ろに傾くと上腕三頭筋に、前方に傾くと肩と胸に効くようになる。

## 8 レッグフォワードパラレルバーディップ

足を前に持ってくると、重心が変わり、よりハードなプレスになる。

## 9　パーペンディキュラーディップ

角（直角部分）を使うと、平行バーと水平バーの中間ステップにできる。

## 10　ホリゾンタルバーディップ

水平バーで難なくディップできるようになったら、マッスルアップする筋力が手に入っている！

## ロシアンディップ

　ディップは用途の広い動作であり、先に紹介しているプログレッションをある程度までクリアしたら、トライできるバリエーションがたくさん出てくる。ロシアンディップは、マッスルアップの〝プレス〟に似ているので、その補助エクササイズに適している。平行バーの間に入り、体をコントロールしながら肘を下げる。そこから体重を前方に移動させ、腕をまっすぐ伸ばす。

## L ホールドディップ

　股関節の前に脚をロックしての平行バーディップ（L ホールド、あるいは L シットと呼ばれる）は、高度なディップバリエーションと言える。ミッドセクションのトレーニングにもなる。重心を前方に移動するほどタフなエクササイズになる。

### コリアンディップ

　超人的なディップをやりたいなら、ワンアームディップはどうだろうか？信じられないかもしれないが、壁の上に手を置いて体を押し上げればそれが可能になる。やり方については、スティーブ・ロウの『オーバーカミング・グラビティ』を参照してほしい。ディップに関する最大のリソースは、アル・カバドロの『レイジング・ザ・バー』になるだろう。

コリアンディップは水平バーを後ろ手に持って行う狂気のバリエーションだ。ゴリラのような肩を持っているアスリートにしかできない。

## DOUBLE DIPS:EXPLOSIVE VARIATIONS
## ダブルディップ:イクスプローシブバリエーション

　ここまで紹介したのは、マッスルアップのトップ域で使うようなゆっくり動かす筋力をつくるディップだ。しかし、このマニュアルのテーマはパワーなので、筋力×スピードのディップエクササイズを紹介しなければバランスを欠く。超人的な上半身をつくる準備はできただろうか。ここからはパワーディップを紹介したい（ゴージャスな本だろ？）。

### ウォーキングディップ

　ディップチェーンのステップ7であるパラレルバーディップを厳密なフォームでレップできるようになったら、イクスプローシブバリエーションへのトライが可能になる。基礎ドリルになるのが、ウォーキングディップだ。これをやると、バーの上を〝歩く〟ときに生じる小さな衝撃に関節と筋肉が順応し、強くなっていく。高度なパワーディップに備えるドリルになる。

## ホッピングディップ

　ウォーキングディップがたやすいものになったら、衝撃がより大きくなる上下にホップするバーディップへのトライが可能になる。跳ね上がるには、バーから手を離せるほどの強力な〝プレス〟が必要だ。パワーがつくほど体を高く上げられるようになるだろう。バーを〝つかみ直す〟ことも、手と前腕のパワートレーニングになる。

上下ホッピングを習得したら、もっと長くホップして、前方や後方に〝歩いて〟みよう。

## クラップディップ

　パワフルなホッピングになったら、空中で拍手するクラップディップを試みるといい。腕だけで瞬発的かつダイナミックに全体重を動かすことになる。この残忍な動作に適応できるかどうかの確認は慎重に。さもないとケガに直結する結果が待っている。

## 180°パワーディップ

　クラップディップができるようになったら、相当パワフルな上半身になっている。しかし——これまでと同じように——難度を上げていくことに限界はない。180°パワーディップは、もう一段上の瞬発力とアジリティ能力を求められるものになる。空中でスピンし、再びバーを捕まえる！　そこまで体を押し上げることができるだろうか？　わたしはここから難度を倍にした360°パワーディップをやる者を見たことがない。

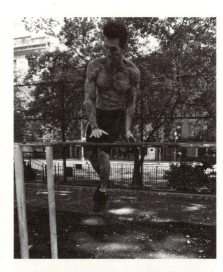

## スイングディップ

　全身を対象にしたパワーと、筋肉、腱、関節の協働力をつくるエクササイズだ。ディップのボトムポジションから脚を前方にスイングし、腕を伸ばしながら、後方に脚と体をスイングする。腕がロックアウトする時点までに、体幹と脚をほぼ水平にする。この姿勢を取るのはスイングが戻る前の一瞬でいい。

# GOING BEYOND
## その先へ

　マッスルアップが完璧にできるようになると、本能的に、全プロセスをゆっくりやりたくなる。完全にスピードを殺して、弾みをつけずにやるマッスルアップだ。それは目を見張るものになるだろう——しかし、追い求める先がそれだけだと、この本で求めているパワーと反対の方向に向かうので注意してほしい（わかっているだろうが、〝完璧な筋力〟を目指す上では、このバージョンをやる意味も大きい）。

### アンダーハンドマッスルアップ

　パワーを得るためのマッスルアップには他にもバリエーションがある。そのうちの一つがアンダーハンドマッスルアップだ。通常のマッスルアップではオーバーハンドグリップを使うが、アンダーハンドグリップを使って同じ動作を行う。グリップと上腕二頭筋に今までとは違うパワーの出力パターンを求めてくる。トップ域でのプレスもタフなものになる。

## アーチャーマッスルアップ

　アンダーハンドマッスルアップをマスターし、より過酷なマッスルアップにトライしたいなら、非対称に行うバージョンを試してほしい――片方の腕をバー上で少し外にずらす。そこから動作を始めるとプルやプッシュのときにその腕があまり使えなくなる。これがアーチャーマッスルアップだ。

アーチャーマッスルアップは、体の中にある弱いリンクがどこにあるかを大声で叫ぶものになる。その〝弱さ〟を曲げている方の腕で補うことになるからだ。アルが、その弱いリンクを笑って眺めている。

CHAPTER 9　マッスルアップ――瞬発力を最適化する技術――

### フルキップ

　体を引き上げる推進力をつくる技術として、すでにスイングキップを学んでいる。パワービルディングに適した別の方法に、前方にスイングした後、まっすぐ上に向かってバーを超えていく究極のキップがある。マッスルアップのように見えるかもしれない——ぶら下がったところからバーの上にいくからだ。しかし、腕をずっと伸ばしたままそれを行っている。一連の動作を丸ごとパワーアップしなければできない技だ！

# SMALL SPACE DRILLS
## 監房内ドリル

　以下は、補助的ワークとして使ったり、さまざまな角度から筋肉をトレーニングしたりすることで、ルーチンにバラエティをもたらすことができるスピード＆パワーテクニックだ。ひとりでできるし、器具を必要としない。チェーンの漸進的エクササイズと違い、リズミカルに高レップスやることが可能だ。マッスルアップチェーン以外のチェーンと並用してもうまくいく。セッション前のウォーミングアップや、フィニッシュ時のドリルとして使ってもいい。

### サイドウェイポップアップ

　プッシュアップのポジションを取る。腕を曲げ、体全体を跳ね上げ、最初に手があった位置からおよそ15センチ横に着地する。シンプルなドリルだが、この技術を使って、たとえば、〝左〜右〜左〜後ろ〜前〟へと進む。ここにクラッププッシュアップなどを混ぜてもいい。異なるパワープッシュアップを1セットにまとめることができる。

CHAPTER 9　マッスルアップ──瞬発力を最適化する技術──　275

### パイクスラップ

　仰向けになり、尻でバランスを取る。胴部と脚を瞬発的に持ち上げ、動作のトップ域で、足の甲を手で叩く。胴部と脚を地に向かってすばやく引いて、スタートポジションに戻ってすぐに跳ね上げ、動作を繰り返す。〝瞬発的に引く〟ワークには、鋼鉄のような腹筋が必要になる。つまり腹筋を鍛える動作にもなるのだが、高レップス行うと、側で見ている者にはわからない痛みが腹部を襲うだろう。高レップスにトライするときも、スピードを犠牲にしてはならない。

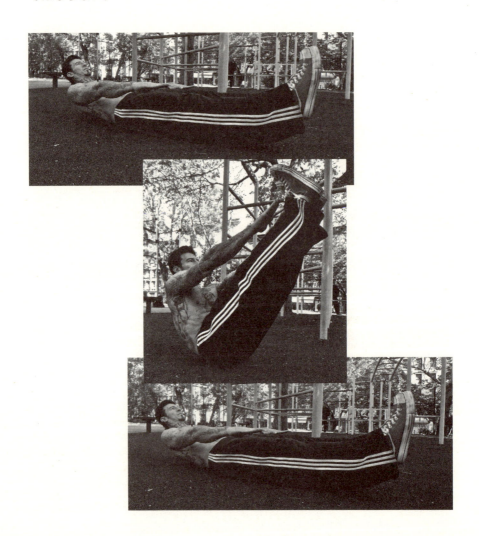

## ジャンプキック

　片方の脚をもう片方の脚の前に出す。後ろにある脚をすばやく前に動かし、その勢いを使ってもう片方の膝を引き上げる。動作のピーク時に、すばやく前に動かした方の膝を伸ばしてキックする。あまりストレスをかけずに健康的な股関節をつくるエクササイズになる。狭い空間内で、片方の脚を上げるドリルはとても少ない。

# LIGHTS OUT!
## 消灯!

そのほとんどをスキルに依存するキャリステニクスがある。フリーハンドスタンドがいい例だ。壁に足をかけて体重を両手で支えるウォールハンドスタンドができるアスリートは多い。しかし、フリーハンドスタンドが難なくできるアスリートは少ない。筋力はある。しかし、スキルがないからだ。逆に、そのほとんどを筋力に依存するキャリステニクスもある。筋力が十分あれば、プルアップは容易にできる——スキル面である、筋肉の協働力、タイミング、バランス力がなくてもとりあえずはバーの上に顎がいく。

マッスルアップはそうはいかない。筋力とスキルの両方が必要になるからだ。爆発的なパワーを出せることに加えて、マッスルアップ特有の〝グルーヴ感〟をつかまない限りこの離れ業を演じることはできない。しかし、トライする価値は大きい。何よりも、ひとつのエクササイズの中に〝引く〟と〝押す〟が美しいバランスで共存している。実用性がある動作であり、全身に瞬発力をもたらす。瞬発力を要する他のバーワークにトライするための基礎をつくるものにもなる。

マッスルアップは簡単か? もちろん、答えはノーだ。漸進的に学んでいけるステップに分解してマスターすることは? それならイエスだ。スキルと呼ばれるものはどれも同じだ。悩むのはやめて、水平バーに向かえ。

# PART 3
# プログラミング理論と戦略
## PROGRAMMING: THEORY & TACTICS

# CHAPTER 10

## いつステップアップするか?
### ──PARCの原則──
## MAKING PROGRESS THE PARC PRINCIPLE

　簡単なテクニック（ステップ1）から、氷のようにクールなマスターステップ（ステップ10）へと続いていく、イクスプローシブ6のプログレッションを技術面から説明してきた。これらのチェーンを登っていけば、これ以上ない爆発力が手に入るだろう。わたしの言葉を信じてほしい──イクスプローシブ6をすべてマスターしたら、スピードやパワーにおいてあなたに匹敵するだれかに出会うことはなくなる！

　では、チェーンはどう登っていけばいいのか？　それが次の質問になるだろう。ここからのPART 3を終わりまで読めば、イクスプローシブ6との付き合い方がわかるはずだ。

### PROGRESSION STANDERS FOR THE EXPLOSIVE SIX?
## イクスプローシブ6のトレーニング・ゴール?

　プログレッションについては、先の2冊の本で説明している。かける負荷を大きくしながら、簡単なエクササイズからより困難なエクササイズへとステップアップしていくトレーニング法だ。次のステップにいつ進んだらいいかも、簡単に判断できるようにしておいた──トレーニング・ゴールを設定したからだ。たとえば、プッシュアップチェーンのフルプッシュアップ（ステップ5）をやっているとしたら、完璧な20レップス2セットができるよ

うになるまでハードにワークする。それをクリアしたら、チェーンの次のエクササイズ——両手を触れ合わせてやるクローズプッシュアップ（ステップ6）にステップアップできる。

定めた目標に向かって能力を開発していくこの戦略は、筋力を構築する上で、とてもうまく機能する。誤解する余地がないほどわかりやすいからだ。もちろん、このアイデアはわたしの発明ではない。聖書に書かれていてもおかしくないほど古くからあるトレーニング法で、ダブルプログレッションと呼ばれているものだ。ダブルプログレッションの〝ダブル〟には、2つの方法で進歩していくという意味がある——まず、レップス数を増やしていくことで進歩する。そして、トレーニング・ゴール（目標とするレップス数）に達したら、ステップアップしてエクササイズをより難しいものに変える（つまり、かかる負荷を根本的に上げる）——これが2番目の進歩の源泉になる。

前2冊を使ってトレーニングしている人は、ダブルプログレッションを使って進歩していることになる。熱心なトレーニーの中には〝トレーニング・ゴール〟をクリアすることが日々の大きな関心事になっている人がいるかもしれない。そして、この本の中にあるエクササイズでも同じ手順を踏むと考えているかもしれない。たとえば、「10レップス2セットのハーフキップをクリアする。それができたらキップアップにステップアップできる」といった感じで。

しかし、今回はちょっと違う。レップを重ねていくスタイルは、筋力トレーニングやボディビルトレーニングではエンジン全開になるが、高速パワーテクニックでは失速する。理由は3つある。

## 1 レップはパワーではなく疲労物質をつくる

筋肉をつけたいときは、筋細胞内のエネルギーを消耗させることがゴールになる。筋細胞のサバイバルモードがオンになれば、次にくる同じ脅威に備えて筋細胞が化学物質を補充し、それを蓄えるようになるからだ——定期的にそうしていれば、体に筋肉が詰め込まれていく。筋肉を疲弊させるメソッ

ドはシンプルだ——レップを追加する！　それに尽きる。〝トレーニング・ゴール〟を撃ち抜き続けることが、生産的な結果をもたらすのはそのためだ。

　一方、パワートレーニングのゴールは、筋細胞内のエネルギーを消耗することではない。速くて俊敏に動く体をつくることにある。そして、きびきびとした動作やスピードと疲弊は相容れないものだ。つまり、レップを増やすことをゴールにするのは誤りになる。

## 2 イクスプローシブ・キャリステニクスでのレップ追加は、ケガをするリスクを高める

　前2冊で紹介した技術には、体を安定的に動作させるものが多かった。それは、安全性が高い動作にもなる。プッシュアップなら、〝2-1-2のリズム〟、すなわち、2秒間使って体を下ろし、ボトムで1秒間静止し、2秒間使って体を押し上げる。このスタイルでレップを重ねれば、筋肉はゆっくり、そして（ここが決定的なところだが）よどみなく疲弊していく。そのまま作業を続けるとフォームが乱れ始める。その辺を終了時間にすれば、動作の1ミリまであなたの意志でコントロールしていることになる。このやり方でトレーニングしていればケガをするリスクを限りなく低くすることができる。

　イクスプローシブ・キャリステニクスは違う。体が飛行物体になる。そのため、筋肉（つまり意志力）で動作をコントロールするのが難しくなる。フリップを例に取ろう——最初の爆発的なプッシュの後の動力源になるのは、勢いと重力だ。作業に集中していれば、確かに、ある程度までの自己制御が可能になる。しかし、フリップで使う技術は、プッシュアップで使うシンプルな技術よりもはるかに速いし複雑だ。何かまずいことが起こっても、修正し直す時間が一瞬しかない。レップを重ねれば疲弊が進み、集中力も途切れがちになる。そうなると、動作を制御することが——特に、何かがうまくいかなかったときの自己修正が——限りなくタフな作業になる。

　以上見てきたように、イクスプローシブ・キャリステニクスでは、トレーニングゴールを設定してレップと格闘してはならない。技術を完璧に保つこ

とができる、安全にこの1レップをクリアできる。そう感じるレップス数で止める。追いかけるのは〝完璧な動作〟だ。それが〝さらなる1レップ〟になると、レップを重ねるごとにリスクが増していく。

レッグレイズやレッグレイズホールドのような技術なら、体を自分で制御しつつ少しずつ筋肉を疲弊させることができる。エクササイズを止めるまで、エネルギー消費量は直線的に上昇する。パワージャンプのようなイクスプローシブワークでは、関節にかかるエネルギー量が不均衡になる。そのため、ケガをするリスクが高まる。

## 3 レップをゴールにすると、焦点がぼやける

〝レップを増やす〟という考え方は、負荷の増加を定量化する必要があるシステム（筋力系キャリステニクスやバーベルトレーニング）でうまく機能するものだ。しかし、イクスプローシブ・キャリステニクスは、負荷の増加を求めるものではない。効率性、スピード、パワー、複雑な動作をクリアすることが興味の対象になる。それらを観察するポイントは、動作が〝完全にで

きているかどうか〟だ。レップをターゲットにすると、レップのカウントに
注意力が割かれて、〝完全にできているかどうか〟から意識がそれる。この
意味からも、レップス数を増やすという今までのマインドセットは避ける必
要がある。

　ここまでの説明で、ダブルプログレッションに馴染んでいるアスリートた
ちがレップ的なトレーニング・ゴールがない理由を理解してくれたら幸いに
思う。次の質問は、おそらく——特定のレップス数をゴールにしないとした
ら、次のステップに進むタイミングをどう判断したらいいか？ になるだろう。

## HOW TO KNOW WHEN TO MOVE UP A STEP:A WALKING IN THE PARC
## ステップアップするタイミングを見極める
## ——PARCを歩け

　レップス数をゴールにしない３つの理由がわかれば、何を基準にステップ
アップすればいいかを理解する準備ができている。そのステップをどれだけ
うまくこなせるかに注意力を注ぐのだ。簡単に言うと、そのステップをこな
すための基本的な要素をマスターしたら、次のステップに進む。そうでなけ
れば——次のステップもない。

　〝能力〟とか〝マスターする〟といった用語はかなり主観的なものだ。そし
て、アスリートごとに異なっている。そこで、イクスプローシブ６における
〝能力〟を定める４要素を説明したい。覚えやすくするために４要素の頭文
字を並べて PARC という用語を使うことがある（parkour がフランスで発
明されたとき、もともとは、コースとか旅を意味する parcours と綴られて
いた。その最初の４文字である〝PARC〟と同じだと考えれば覚えやすい）。

　４要素について見ていこう。

### PROFICIENCY（熟達）

　熟達とは、何かをうまくできることだ。この本の中にある技術をやろうと
するとき、わたしの説明に沿ってやるか、少なくとも近いやり方を取るだろ

う。マッスルアップであれば、スイングしてキップし、腕を回転させてプル
オーバーした後、バーの上に体を押し上げる。マッスルアップを完成させる
ためのポイントを列記したチェックボックスを頭の中に置き、そのすべてに
チェックを入れながら、うまく、手際よくこなしていけることを熟達と言う。
とはいえ、一点のミスもなく完璧にやれというわけではない。わたしは「満
点を目指せ！　ゴールドメダリストになれ！」と、あなたの人生を奴隷のよ
うに縛る類のコーチではない。ここには、審美的な観点からあなたのパ
フォーマンスに点数をつける者はいない。あなたの仕事は１レップを成し遂
げることだ。そうすることで、スピードとパワーをつけていくところにある。
ケガにつながる致命的な間違いでなければ、肘や足が少しくらいコースから
外れても気にすることはない。最高を目指して、もがけ。しかし、間違える
自由を失ってはならない！

## ADAPTATION（順応）

　その技術に体が順応できているかどうかを考慮する。神経系は比較的短期
間で特定の技術を習得するが、体がそれを習得するまでにはタイムラグがあ
る。心が望んでいても、肉体は弱い。フロントハンドスプリングをやるコン
ディションが整っていないトレーニーであっても、最初のトライでフロント
ハンドスプリングをクリアする者がいる。しかし、そんなことをすれば、肩
（上腕骨頭）がソケット（関節窩）から引き裂かれるような痛みが襲うだろ
うし、手首を傷つけるリスクも大きい。ちょっと冒険したつもりが、次の日
の不快感や苦しみにつながっていく。関節にも悪い。あるステップをやると
痛みを感じるのであれば、次のステップをやる準備はできていない——その
ステップを技術的に正しく完璧にコントロールできていたとしても。その場
合、いくつかステップを戻り、不快感や痛みが残らない動作でワークするこ
とがベストの選択肢になる。ドリル前のウォーミングアップを怠らないこと
も大切だ（317ページ参照）。

## REGULARITY（恒常性）

　何回かやっていたら、１回、バックドロップフリップ（ステップ８）が正
確にできた。それだけでは、ランニングフロントフリップ（ステップ９）へ

と進む資格を得たことにはならない！ 回転動作にトライしているときは、特に心してほしい。 1回できるとついつい次に手を出したくなるからだ。もちろん、オリンピックの体操選手でさえ、踏み外したりつまずいたりすることがある。基本的な技術であってもそれが起こる。だれもが時々失敗を犯す。そして、イクスプローシブ・キャリステニクスの速くて複雑な技術ではそれが起こりやすい。とはいえ、経験則的には、（1回ごとに十分な休憩を挟みながら）10回トライするうちの9回を見事にやってのけられなければ、次のステップに進むほどその技術をマスターしているとは言えない。

## CONFIDENCE（自信）

　ある技術を多数回、うまく安全にこなせた。その成功体験が自信を生む。ステップアップするときは、次のステップをうまくこなせることが分かっている——かろうじてではなく、余裕を持ってできることを知っているときだ。今やっているステップでちょっとでも不安を感じるとしたら、次の動作にトライする力量には及んでいない。そのときは、今のステップに止まること。だからと言って、それは悪いことではない。今のステップでの学びがまだ残っていることを示しているからだ。むしろ、楽しむ時間が増えたと考えればいい。1ステップ上がることで、スピード、スキル、パワーが増えるわけではない——以前よりもスピード、スキル、パワーが増えているとしたら、それは、注意深く、絶え間ない努力を注ぎ込んできたそこまでのステップがもたらしたものだ。

## APPLYING PARC
## PARCを適用する

　イクスプローシブ系トレーニングを始めた早い段階からPARC哲学を用いればとても助けになる。自分自身のコーチになれるし、いつステップアップしたらいいか判断できるようになるからだ。他人を頼ってもいいが、自己認識を上回るものはない。PARCの使い方例を紹介したい。

## P：PROFICIENCY（熟達）

　熟達しているかどうかの見極めは簡単だ（そのステップでやるべきことを

正しく理解していて、自分にウソをつかないことが前提になるが）。たとえば、ノーハンド・キップアップ（150ページ）なら、動作の終了時にまっすぐ立っていなければならない。そこで後ろに倒れたら、熟達していないことになる。トレーニングを続けた方がいい。

## A：ADAPTATION（順応）

数日ごとにフロントハンドスプリング（176ページ）をやっている。うまくできるが、やるたびに腹部に痛みと張りが残る。この場合、体が十分に順応していない。1〜2ステップ後退する、あるいは、腹部のコンディションを整える補助的なエクササイズをやるようにする。

## R：REGULARITY（恒常性）

スーサイドジャンプ（80ページ）をやっているとする。ウォーミングアップで慣らした後にスーサイドジャンプをやっても、一回ごとにしかバーを乗り越えられない。その場合、恒常性に欠ける。これも、トレーニングを続けた方がいいことを教えている。

## C：CONFIDENCE（自信）

バックハンドスプリング（214ページ）をやろうとするとき、首を折るんじゃないかとか、どこか間違ったところがあるままここまできたんじゃないかといった怖れがあるとしたら、それは、自信のなさを表している。この状況でステップアップしてはならない。ステップダウンした方がいい。

PARCは適用しやすい概念だ。そして、これ以上シンプルにはできない。PARCに従えばステップアップすべきかどうかの判断が容易になるだけでなく、安全なトレーニングになるし、長い目で見れば早い上達を促す。無視すれば、ケガと燃え尽き症候群が待っている。これまでPARCを避けて近道をしようとするアスリートをたくさん見てきた。しかし、物事をスマートに考える生徒たちは、最後にはPARCに戻ってきたものだ。

だったら、最初から賢い道を歩いた方がいい。

# LIGHTS OUT!
# 消灯!

　イクスプローシブ・キャリステニクスには、ステップアップするタイミングを示す客観的基準がない。それがこの分野のキャリステニクスを難しく感じさせる理由のひとつになっている。しかし、それが一連のトレーニングを知的なものにする。PARCを使えば、自分自身の識別能と常識を頼りにすることが可能になる——そこに、健全なかたちでリスクに踏み込む判断力を組み合わせる。これは、わたしが体の知恵と呼んでいるもののひとつであり、キャリステニクスのマスターになる上での必要条件にもなる。

　この章をもう一度読み、PARCについて完全に理解してほしい。メモなしで1ページにまとめられる、あるいは、トレーニングをやっている知り合いに完全に説明できるまで自分のものにする。この本で紹介しているドリルを、無作為に選んで試してはならない。ケガにつながるその行為を、わたしは望んではいない。ステップ1から始め、チェーンを進んでいくための基礎を固めながら、慎重にスピードやパワーを開発していってほしい。そして、次のステップに進むかどうかの判断にはPARCを用いる。

　PARCを伝えた。使うことを信じている。

# CHAPTER 11

## パワーとスキル
### ──対を成すトレーニングメソッド──
## POWER AND SKILL　TWIN TRAINING METHODOLOGIES

イクスプローシブ6の各チェーンは、2種類あるアプローチ法のどちらか
を使ってトレーニングすることになる。

・パワートレーニング
・スキルトレーニング

の2つだ。どちらを使うかは、取り組むチェーンによって決まる。

## WHY TWO DIFFERENT METHODS?
## なぜ、トレーニング法が異なるのか?

書店に行くとトレーニング法について語る膨大な量の本が並んでいる。そ
の混乱にさらなる混乱を加えないために、わたしの説明は、簡潔でわかりや
すいものにしたい。この本には、2種類のドリルがある。パワー(筋力×ス
ピード)をつけるドリルと、パワーもつけるが、主に、スキルを洗練させて
いくドリルだ。

パワードリルの一例にバーチカルリープ(66ページ参照)がある──ス
キルはそれほど必要としない。繰り返しやることで、関節が強くなり、パ
ワーが開発されていく。スキルドリルの例になるのがバックフリップだ──

CHAPTER 11　パワーとスキル──対を成すトレーニングメソッド──　　289

バックフリップをやるときも、大きなパワーが必要になる。しかし、それをやるには、複雑な動作を学んだ神経系が必要になる。バックフリップをやってのける身体能力（パワー、スピード、関節の強さ）を持っているアスリートは多いが、実際にはそれができない。神経系がスキルを学んでいないからだ。このようにバックフリップは身体能力だけでできるものではない。

ジャンプはシンプル極まりない動作だが、その繰り返しがパワーを開発する。フリップのようなより洗練された技術は、パワーも開発するが、主にアジリティ能力を開発する。そのためこちらはスキル動作と見ることができる。それぞれ、別のトレーニング法を取るべきだ。

|  | パワー動作 | スキル動作 |
|---|---|---|
| 動作タイプ | シンプル(通常は、上下運動) | 複雑(通常、完全回転、部分的回転、多種類の動作角度を含む) |
| 運動の質 | スピードと筋力<br>直線的な軌道<br>関節の完全性 | 筋肉の協働力<br>平衡力<br>タイミング |
| トレーニング領域 | 筋肉<br>筋肉系と神経系のつながり<br>関節 | 神経系<br>脳<br>心 |

パワーエクササイズとスキルエクササイズにはオーバーラップするところがある。建物間で跳躍するときにはその両方が必要になる。

CHAPTER 11 パワーとスキル──対を成すトレーニングメソッド──

コンピュータをアナロジーにして、パワー動作とスキル動作を区別してみよう。パワー動作は、筋肉、軟組織、神経系、さらには骨に働きかけるものになる。つまり、ハードウェアをアップグレードしている。スキル動作は、神経系や脳のコンディションを整える。こっちは、ソフトウェアをアップグレードする作業になる。〝あなた〟を最高のシステムにするには、ハードとソフトの両方を充実させる必要があるよね？ そうするには、コンピュータと同じで、まず、ハードウェアをパワフルにしなければならない。必要なものを追加し、時間をかけて改善していく。そうすることで初めてソフトウェアを上位のものへとアップグレードすることができる。

## WHICH IS WHICH?
## パワーとスキルのどちらに属するか？

イクスプローシブ６内のそれぞれのドリルは、どちらに属するだろうか？ジャンプとパワープッシュアップは、爆発するための基礎力をつくるパワー動作だ。一方、キップアップ、フロントフリップ、バックフリップは、技術主体のスキル動作と見ることができる。マッスルアップはスキルとパワーをバランスさせたブレンドだが、爆発力を最大化したいなら、スキル動作としてトレーニングした方がいいだろう（マッスルアップの補助エクササイズとして紹介したディップチェーンは、パワー動作でもスキル動作でもない。それはビッグ６と同じで筋力をつくるための動作になる。そのため、低〜中レップスで低セットやるようにする）。

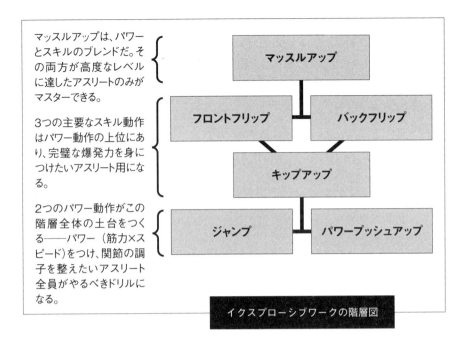

イクスプローシブワークの階層図

マッスルアップは、パワーとスキルのブレンドだ。その両方が高度なレベルに達したアスリートのみがマスターできる。

3つの主要なスキル動作はパワー動作の上位にあり、完璧な爆発力を身につけたいアスリート用になる。

2つのパワー動作がこの階層全体の土台をつくる——パワー（筋力×スピード）をつけ、関節の調子を整えたいアスリート全員がやるべきドリルになる。

## POWER AND SKILL METHODS:A SUMMARY
## パワーとスキル：まとめ

　次章と次々章（Chapter12・13）では、パワートレーニングとスキルトレーニングの具体的なやり方について述べていくが、ここでは基本的な考え方を概説したい。主に、筋肉や関節を対象にするパワートレーニングは、その刺激に適応するまでに時間がかかる。パワーは、トレーニング後に1日かそれ以上休むことで増幅されて返ってくる。一方、スキルのためのトレーニングは——筋肉や関節にその動作を受け入れるコンディションが整っていれば——脳と神経系を対象にしたトレーニングになる。ある段階までは、刺激に対してほとんど即座に適応していくだろう。

　スペクトルの両端にある極端な例を引用することになるが、重量があるバーベルをインターバルを入れながらすばやく挙げ続ける場合（パワー動作）と、ピアノを演奏する場合（スキル動作）を比較してみる。バーベルの方は挙げれば挙げるほど、筋肉や関節が疲れてきて、パフォーマンスが落ち

ていく。しかし、ピアノの方は、気持ちが萎えない限り一日中でも練習できる。そして、練習すればするほど上手くなっていく。これは、神経系と脳が、筋肉や関節よりもはるかに早く刺激に適応できるからだ。

　以上から考えると、パワートレーニングはハードかつ手短にやって、次のセッションまで、1～2日間、休んだ方がいいことを示している。必要なことをやれ、そして、休め！　だ。スキルトレーニングは違う。できる限りやれ！　になる。たとえば、バックフリップは、練習すればするほど上達する。そのため、できるだけ頻繁にトレーニングしてレップを重ねることが大切になる。筋肉や関節を追い込みすぎて疲れない限り、スキルワークは思っているより回数多くできるものだ。

　オーバーラップするところがあるものの、パワーベースのエクササイズとスキルベースのエクササイズが違う〝獲物〟であることがわかったと思う。狩る獣が違えば、狩る方法も違ってくる。以下の表に要約した。

| | パワー動作：プログラミング | スキル動作：プログラミング |
|---|---|---|
| トレーニング心理 | すべてのレップで、よりパワフルなトライを | レップ毎に、技術的な意味での完璧を目指す |
| 1セットにおけるレップス数 | 最大限のパワーを出すために、1セットにつき1～3レップス | 最適化されたスキルを引き出すために、1セットにつき1レップ |
| セッションにおけるセット数 | 不定。しかし、20セット以下を上限にするのが好ましい | 〝燃え尽き〟を避けながら、できるだけ多くのセット数をこなす |
| 頻度 | 数日ごとに1セッション | 毎日やってもいい。日に数回もあり |

294

# LIGHTS OUT!
# 消灯!

　この章の要約はシンプルだ。最初に、ジャンプとパワープッシュアップを使って、イクスプローシブ・キャリステニクスをやっていく上での背骨をつくる。2つともシンプルな動作であり、筋肉や関節のコンディションを整えながら、パワー（筋力×スピード）が出る上半身と下半身をつくってくれる。その土台の上に、スキルベースの動作を追加する。この手順を踏めば、パワートレーニングで得たパワーを、洗練された（概してより俊敏性が増した）かたちで表現することが可能になる。

　で、どうトレーニングするか？　次章では、パワーを開発するためのメソッドを伝えたい。さらに、その次の第13章では、スキルを開発するためのメソッドについて説明しよう。

# CHAPTER 12

## パワービルディング
### ─3の法則、6の法則─
## POWER BUILDING  THE RULE OF THREE AND THE RULE OF SIX

　キップアップやフリップをやる男はセクシーに見えるが、それらの技術にトライできるのは原初的なパワーを体に備えたアスリートだけだ。原初的なパワーとはどういう意味だろう？　そうだね、下の3つを見てくれ。

・空中高く跳躍できる脚
・その脚をたくし込むためにすばやく動くミッドセクション
・動作に推進力をもたらし、力強く地から体を上昇させられる肩と腕のパワー、などだ。

　いきなりフリップやキップアップをやり始めてもそういった原初的なパワーは手に入らない。それは、ジャンプとパワープッシュアップをハードに絶え間なく繰り返すことでつけていくものだ。

### LINER IMPROVEMENT, NOT RACING THOUGH STEPS!
## ステップは、駆け上がるのではなく使い倒す

　間違ったやり方でジャンプ／パワープッシュアップにアプローチするアスリートが多い。どういう意味かって？　ジャンプを例に取ろう。簡単なジャンプから始め、次々と難しいジャンプにトライしていき、マスターステップに到達する。これで、チェーンを「征服した」と勘違いすることだ。

それではパワーを手に入れることはできない。

　イクスプローシブアスリートになりたいなら、キャリアを通じてジャンプチェーン（あるいは、同様のテクニック）に取り組んでもらいたい。バーチカルリープ（ジャンプチェーンのステップ3）を1回やって「やっつけた」と思うだろうか？　だとしたら勘違いも甚だしい。バーチカルリープを使って、さらなる高みを目指して跳び続けるのだ！　バスケットボールのスーパースターたちは、こういったエクササイズを日々、そして何年も飽きずにやり続けながら高みを目指す。それがパワーを増やすことを知っているからだ。同じことはパワープッシュアップにも言える。基本を繰り返すことによる愚直で直線的な進歩。それがこのゲームのやり方になる。もちろん、ステップアップしていってほしい。しかし、ただ単に上のステップを狙い、マスターステップへ向かって駆け上がってはならない──パワートレーニングのマスターステップは、他のマスターステップほど難しいものではない。ジャンプとパワープッシュアップを使って目指すのは、キャリアを通じてパワーを増やしたり維持したりするツールとして利用し続けるところにある。また、そうしていれば関節の健康を維持でき、転倒などの衝撃から関節を防弾してくれるものになるだろう。

　ジャンプやパワープッシュアップは、いわばパワーを生成するエンジンを大きくするトレーニングだ。一貫性を持ってやっていれば、ターボチャージャー付きにできる。パワー動作をやらずに、スキル動作に手を出したときの進歩はたかが知れている。ガス欠で走るレーシングカーのような状態になるからだ。

## INJURY BULLETPROOFING
## ケガをしないための防弾

　定期的にパワートレーニングをやる利点は、パワーを増やすことにとどまらない。パワーを扱う筋肉、軟組織、骨の負荷に対する許容量を大きくするからだ。アクロバット的な動作を取ってつけたようにルーチンに組み込んだアスリートは、膝のねじれ、ひどい腰痛、足首の捻挫や足の痛みに苦しむこ

CHAPTER 12　パワービルディング──3の法則、6の法則──　　297

とになる。ジャンプチェーンの練習に適度な時間を費やし、股関節、膝、足首などのコンディションを整えておけば、こういった事態を避けることができる。

　ハンドスプリングをやって骨折するケースも耳にする。そのほとんどが前腕の橈骨を折っている。そうなるのは、骨や（衝撃吸収材としての）軟組織が強力なパワー動作に適応できないからだ。避ける方法はシンプルだ。パワープッシュアップチェーンを使って、前腕を防弾しておくことだ。わたしは、だれも傷つけたくはない。宙返りする前に、ジャンプチェーンとパワープッシュアップチェーンを使って十分な準備をしてほしい。いいね？

## POWER PROGRAMIMING BASICS
## パワープログラミングの基礎理論

　パワー動作のプログラミング法に話を移そう。まず、わたしが、ほとんどのプライオメトリクスのマニュアルに載っている複雑なチャートやグラフを疎ましく思っていることを白状しておきたい。それらのテクニックをこの本の中にあるドリルに適用したければそれでも構わないが、単純なわたしがつくったものの方がシンプルで使いやすいと思う——パワー動作をプログラミングするときに、生徒たちに教えるルールは２つだけ。〝３の法則〟と〝６の法則〟だ。

## THE"RULE OF THREE"
## 〝3の法則〟

　パワーエクササイズをやる上でのレップス数を、これ以上シンプルにできないところまで煮詰めたのが〝３の法則〟だ。

| | |
|---|---|
| **3の法則** | スピードやパワーを得るワークでは、3レップスを越えるな。 |

これだけだ。ジャンプとパワープッシュアップを使って体を開発するとき
は、どのステップであっても1レップを1セットにする。2レップス1セッ
トでもいい。3レップス1セットでも。しかし、それ以上のレップス数はダ
メだ。

　スピードをつけたいとき、なぜ低レップスにした方がいいのか？　頭の中
でシミュレーションしてほしい。十分にウォーミングアップした後、ノンス
トップで10レップスのスクワットジャンプをやるとする。もっともスピー
ドが出るのは、最初のジャンプだろうか、最後のジャンプだろうか？
ウォーミングアップを適切にやっていたら、1〜2レップス目にやるジャン
プでもっともスピードが出るはずだ。そして、10レップス目をやる頃には、
エネルギーが枯れてスローなジャンプになっている。これでは、スローな動
作をどうやるかを体に学ばせていることになる。すべてのパワー動作におい
て同じことが起こる。そんなことに時間をかけてはならない。最初の2〜3
レップスで止める。そこまでが瞬発力だ。このスタイルを守っていれば、原
初的なパワーを使ってジャンプするとはどういうことかを体に教えることが
できる。

　3の法則を使えば、パワー動作を安全なものにもできる。パワー動作の
ゴールは、動作の〝熟達〟度合いを上げることにある（PARCのP──
284ページ参照）。高レップスやることではない。スピードが出る動作を高
レップスやるとミスを犯しやすくなり、それがケガへとつながっていく。失
敗を犯しがちになるのは、1〜3レップス目よりも、疲れて集中力が切れた
とき──7〜10レップス目──だ。

　1〜3レップスに固執することだ！

CHAPTER 12　パワービルディング──3の法則、6の法則──　　　299

重量挙げ選手がウエイトを挙げるときの筋力やスピードが、イクスプローシブ6で使う筋力やスピードと100万マイル離れていると思ってはいけない。パワーを最大化するために彼らも低レップスを用いている。

### アスリートからの質問＃1
**ある動作に体を適応させたいときに、わずか3レップスで十分だろうか？**

　イエスだ。低レップスでトレーニングするパワーリフターやウエイトリフターが、最強になっていくことを知っているだろうか？　低レップスを採用することで生理的システムを変化させることができ、最強レベルの筋力まで到達できるとしたら、それは、パワー（筋力×スピード）にかかわる筋力にも同じことが言えるだろう。筋肉や持久力をつけたいときは、レップス数を多くしなければ望む体にはなっていかない。しかし、機能的スピードやパワーをテーマにするなら3レップスまでで十分だ。

### アスリートからの質問＃2
**では、ほしいのが持久力の場合は？　1ダースのクラッププッシュアップをクリアするクールな男になりたいとしたら？**

　それが望みなら、そうすればいい。ただし、スピードやパワーをつけるワークではなく、持久力をつけるためのワークをやっていることになる。持久力をつけたいなら、もちろんレップス数を増やすべきだ。しかし、瞬発力を求めているなら、低レップスに固執することだ——3レップスかそれ以下

だ。できるだけ早くプログレッションを進みたいなら、増やさなければならないのはパワーだ。ジャンプとパワープッシュアップのマスターステップをゴールにするなら3の法則から離れるな。

## THE "RULE OF SIX"
## 〝6の法則〟

3の法則は1セットにおけるレップス数を定めるものだが、あるドリルをやるときの総レップス数を定めるのが6の法則だ。総レップス数を6の倍数にするだけでいい。

> **6の法則**
> ・初心者は、1エクササイズにつき、6ワーキングレップスを目指す。
> ・中級者は、1エクササイズにつき、12ワーキングレップスを目指す。
> ・上級者は、1エクササイズにつき、18ワーキングレップスを目指す。

たとえば、スクワットジャンプをやるとしよう。あなたが初心者であれば、そのワークアウトでジャンプを6ワーキングレップス行う（ワーキングレップとは、ウォーミングアップをした後に取り組むレップス数のこと。ウォーミングアップのやり方については317ページ参照）。

3の法則に従えば、1セットが1レップか2レップか3レップになる。そのため1トレーニングセッションの構成を、3つの選択肢の中から決めることになる。

1レップを6セットやれば、トータル6レップスになる。このアプローチ法――シングルとして知られている――は、パワーをつけるときの優れた方

法になる。1レップに最大限の努力と集中力を注げるからだ。欠点もあり、筋伸長リバウンド（57ページの「ミオタティックリバウンド」参照）を活用できなくなる。また、シングルを重ねるセッションは、複数レップスを採用するセッションより、間違いなくトレーニング時間が長くなる。

別の選択肢に移ろう。

2レップスを3セット。計6レップスになる（間違っていないよね？）。ダブルと呼ばれる伝統的なセッションになる。リバウンドを使えるし、集中力と自己制御力が途切れない魅力的なやり方になる。

3レップスを2セット。〝トリプル〟は、瞬発力を備えたいアスリートの必需品になる。トリプルも集中力をそれほど失うことなくセットをクリアできる。シングルやダブルと比べ、トレーニング時間が短くなる。パワートレーニングを終えた後に、レップス数が多いエクササイズや複数エクササイズを予定している場合も、それほど時間を食わずにそっちに移ることができる。

6レップスを満たす他の方法もある。

シングルを3セット、それに続くトリプルを1セット。あるいは、

トリプル、ダブル、シングルへと移っていくハイブリッドバージョンだ。

これらの例から分かるように、メッカへと続く道はたくさんある。3の法則（1セットにおけるレップス数）と6の法則（1ドリルにおける総レップス数）を組み合わせれば、目標とする総レップス数に応じてさまざまなセッションをつくることができる。

6の法則は時間をかけて実証されている。何百人ものアスリートに使ってもらったが、思っていた以上にパワーがつき、そうなるのが早いことに驚く者が多かった。このやり方が機能するのは、3の法則と数字的に簡単にかみ合うからだ。セッションの体系化をアスリート自身が行うこともプラスに働く。別のやり方ではカオスに向かうだろう。この方法は〝機能する！〟ことを実際に使って確かめてほしい。

## アスリートからの質問＃1
### レップ案の中でどれが最適だろうか？

　すべて好ましいものだ！　3の法則と6の法則を使っている限り、迷子になることはない。

CHAPTER 12　パワービルディング——3の法則、6の法則——　　303

## アスリートからの質問＃2
### シングル、ダブル、トリプルのうち、どれを使ったらいい？

　あなた次第だ。３パターンをそれぞれ試し、好みで決めればいい。どれが自分に向いているか探るのも楽しいものだ。もちろん、一度決めたからといって一生縛られる必要はない。セッションごとにレップス数を変えても構わない。

## アスリートからの質問＃3
### 初心者なのに、１ドリルあたり６レップスで十分だろうか？

　繰り返される質問である「十分でしょうか？」だね。熱心なアスリートは、常に、もっともっとという欲求に駆り立てられる。本能みたいなものだろう。その気持ちは敬いたいし、わたしも同じだった。しかし、〝より多く〞がいつも好ましいとは限らない。パワートレーニングは、心血管系エクササイズやボディビルディングとは違う——筋肉系を疲弊させるものではないからだ。適度にやれば、筋力をつけ、スピードを上げ、普段の生活でケガをするリスクを低くする。しかし、一方で、関節、軟組織、さらには骨に負担をかけるトレーニングでもある。そのため、過度にやるとケガをするリスクを高める。たぶん、あなたもパワートレーニングだけでなく、並行して、筋力トレーニングをやっているだろう。そこを忘れてはならない。ベストを目指す低〜中程度のワーク量から離れないことだ。そこに十分な進歩を見出すことができる。

## アスリートからの質問＃4
### 自分が、初心者、中級者、上級者のどこにいるかを知るにはどうすればいいか？

　経験的に初心者とは、

・パワートレーニングを始めたばかりである
・パワートレーニングをやっていたが、しばらくトレーニングから離れていた、あるいは、ケガから戻ってきたところである
・（難易度が高いステップに取り組むときは、いつも自分を初心者とみなした方がいいが）取り組んでいるエクササイズが、極端に難しく感じる

アスリートだ。上級者は、ワークしているチェーンの少なくともステップ7が容易にこなせるアスリートで、中級者は、初心者のカテゴリーにも上級者のカテゴリーにも入らないアスリートを指す。もちろん、すべての一般化と同様に例外はある。基本的にはこの方針でいいが〝ファジー〟にとらえてほしい。

### アスリートからの質問＃5
### セット間の休憩時間はどの程度が適当か？

パワートレーニングが体を疲弊させてはならないものであることを思い出してほしい（それは、筋肉をつくるときのやり方だ）。息が整い、フレッシュな体で次のセットに取り組めるようになるまでだ。通常、10～30秒かかるだろう。もっとも、次のセットを待ちながらの30秒間は、とても長く感じるものだ。また、１分間以上の休憩は取らないようにする。精神的な準備のための１分間以上なら、それはそれで許容範囲内にある──３分を越えなければいい。経験的な話になるが、そこを過ぎると、直近のセットで得た神経

瞬発力ワークのセット間で休憩するときは、座ったり横になったりしてはいけない。心拍数を落としすぎるし、神経系の働きを低下させるからだ。大地を両足で踏みしめていることが肝心だ。

系的な利点を失い始める。次のセットを待つ間は、椅子に座り込んだり、ま
してや横になったりしてはいけない。そういった態度は、あなたの神経系的
ギアに減速を促す。セット間でそこら中を走り回る必要はないが、大地を両
足で踏みしめていなければダメだ。

**アスリートからの質問＃6**
**最初、どのワークをやったらいいか？**

　ジャンプとパワープッシュアップの両方に時間を費やすべきだ。これらの
パワー動作は、直線的に進歩していく。より高くジャンプできるようになる
し、何度も拍手できるようになる。望むのであれば、レップ／セットの範囲
内で複数のエクササイズをやってもいい。

**アスリートからの質問＃7**
**3の法則と6の法則は〝不変的〟なのか？　別のプロトコルを使うことは可
能か？**

　もちろん他のやり方も試してほしい。トレーナーや〝グル〟が、自分のプ
ロトコル以外使うなと強いてきたら、トイレに行くふりをして地の果てまで
逃げることをお勧めする。プロのアスリートでない限り、常時つきそって指
導してくれる人はいない。自重力トレーニングのマスターになりたいなら、
自分自身のコーチになる術を学ぶ必要がある。セルフコーチング技術を習得
し、自分で自分を養っていくしかない。他のプロトコルと連携させ、そうす
ることでうまく機能するか観察し、さらに、どう機能させるか考える作業も
その一つになる。最終的には、わたしが提供したプロトコルだけでなく、好
ましいと思われるプロトコルをブレンドしてそこに手を加え、実験し、自分
らしいプロトコルに変えていってほしい。

　わたしは生徒たちに、3と6の法則を使うようアドバイスしてきた。シン
プルで、確実で、結果に結びつくことが証明されているからだ。これが、わ
たしがあなたに伝えられるベストだ。それは、他のプロトコルだと機能しな
い、レップを追加すべきではない、体験から導いてはいけないということだ
ろうか？　まったくのノーだ。

# LIGHTS OUT!
# 消灯!

　PART Ⅲ——ハウツウ——をシンプルなものにするために、ここまでベストを尽くしてきたつもりだ。しかし、まだ先がある。もし、ここまでの内容をよく理解していないとしてもパニックにならないでほしい。大切なポイントを以下にまとめたい。

・イクスプローシブ６のチェーンは同列には扱えない。パワー動作（ジャンプとパワープッシュアップ）と、スキル動作（キップアップとフリップ。スキル動作としての意味がやや小さくなるがマッスルアップ）があるからだ。
・パワー動作とスキル動作は、異なる戦略を使ってアプローチした方がいい。
・パワートレーニングは、イクスプローシブ・キャリステニクスの背骨をつくるものだ——必要不可欠なものであり、それを極めることがスキル動作へのトライを可能にする。
・パワー動作は、３の法則と６の法則を使ってプログラムする。

　次の章では〝スキル動作〟のトレーニング法について説明したい。スキル動作の中の〝スキル〟をどう磨いていくかがテーマになる。

CHAPTER 12　パワービルディング——3の法則、6の法則——　307

# CHAPTER 13

## スキルを開発するメソッド
### ──タイムサーフィンと強化トレーニング──
#### SKILL DEVELOPMENT  TIME SURFING AND CONSOLIDATION TRAINING

　スキルトレーニングについてはCapter11で概要を説明している。それは、フリップやキップアップなどの筋肉の整合性や俊敏性が求められる複雑な動作をマスターするのに適したトレーニング法だ。4つのポイントに要約できる。

### 適切なエクササイズを選ぶ

　その動作をやるパワーはあるものの、その動作をやるために必要な筋肉の整合性ができていない。そんなときにスキルトレーニングが意味を持つ。自問してみよう。難しさを感じずに完璧にできるか？　と。答えがイエスであれば、そのステップでスキルトレーニングをやる必要はない。ステップアップしてより挑戦的なエクササイズにトライすればいい。

### 完璧を目指す

　その技術がより完璧にできるようになる。スキルトレーニングの1レップで目指すのはそこだ。ハードにトレーニングする、自分を追い込むといった主観的なゴールに向かうものではない。あるいは、パワー動作のように、もっと速くとかもっと高くといった客観的なゴールに向かうものでもない。当たり前の話だが、疲れるとフォームが乱れてくる。これは〝完璧を目指す〟スキルワークでは、1レップあるいは低レップスを採用した方がいいことを

示している。ベストな状態でその1レップができない兆しが見えたら――疲れてフォームが乱れてきたら――それを仕事終わりのベルにする。スキルトレーニングは、自分を追い込む〝ワークアウト〟ではなく、うまくできるようになるための〝練習〟だと考える。フォームだけでなく心や体の状態を観察し続けることが大切だ。

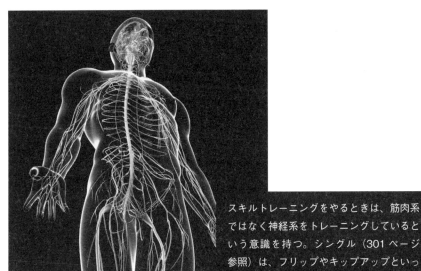

スキルトレーニングをやるときは、筋肉系ではなく神経系をトレーニングしているという意識を持つ。シングル（301ページ参照）は、フリップやキップアップといったスキルワークの練習において理想的なやり方になる。次の1レップを正しくやるには、各レップ後に、エネルギーを集める、息を整える、姿勢を正す、精神的にリフレッシュするといった作業が欠かせない。シングルを採用すれば、完璧な1レップを目指しても燃え尽きることがない。

## 回数をこなす

スキルトレーニング中もパワーがついていく。しかし、それは主に、神経系的な整合性を開発するものだ。神経系は、アクロバットを含むすべてのスキルを〝繰り返す〟ことで学んでいく。これは、ヘッブの法則と呼ばれることがある神経系にもともと備わる性質だ。簡単に言えば、繰り返せば繰り返すほど、その技術を早く習得することができる（338ページも参照）。つま

り、１レップあるいは低レップスを用い、セットをたくさんこなせばいいことになる。このスタイルで可能な限り練習するということだ。

### フレッシュな体でトレーニングする

　これは、前の２つのポイントに関連している。１レップをできるだけ完璧にこなす、そして、そのエクササイズを日に数回といった頻度でやることを目指す場合、体が疲れるとそれができなくなる。これは、疲労が蓄積しないようにすること、気が抜けたり、筋肉や関節が痛くなったりしないようにレップ間で休まなければならないことを示している。レップ間でどの程度の時間を取るか？　バカみたいな答えになるが、休んだと感じるまでだ。簡単なワークであれば10秒間程度でいいだろう。複雑なワークであれば１分間かそれ以上だ。もちろん、必要に応じてどれだけ休んでもいい（ウォームダウンしないという条件付きだが。305ページ参照）。フレッシュな体を保ちたいなら、ときどきスキルワークから離れ、１〜２日間休むことで残った疲労を体から除くのも賢明な選択になる。

　ここまでで、スキルトレーニングの核心を理解してもらえたと思う。

・常に完璧な１レップを
・〝シングル〟か、ごく低レップスを採用する
・セット数を多くする
・フレッシュな体でトレーニングする──セット間で十分に休憩する

　これが虎の巻ってやつだ。以上の４ポイントを日々のスキルトレーニングにどう当てはめるか？　２つのメソッドがある。それがタイムサーフィンと強化トレーニングだ。

## TIME SURFING
## タイムサーフィン

　スキルトレーニングの場合、レップやセットをベースにしても役立たないことは Chapter11 で説明している。パワーワークやボディビルディングの

ように何レップスできるかより、1レップをどれだけうまくやれるかの方が重要だからだ。10レップス×3セットというやり方でワークを組み立てないとしたら、どんなトレーニング法を取ればいいのか?

　スキルワークを効率的にこなすトレーニング法がタイムサーフィンだ。ワークアウト時間を設定するだけでいい。たとえば、そのステップを5分間やると決めたとする。近くにある時計や腕時計を使って分数を確認しながら練習し（スマホに付いているタイマーをセットしてもいい）、5分経ったら終了にする。5分間ぶっ続けにレップするわけではない。それだと、5分間やる長い1セットになってしまう。1レップやり、次のレップをやる準備ができるまで息を整えながら前の1レップについて考察する。そして次の1レップにトライする。そのスタイルで5分間にわたって練習するのだ。

　フロントフリップチェーンのステップ1を5分間タイムサーフィンするとしよう。ウォーミングアップ（317ページ）を終わらせた後、開始時間を確認し（何かに書いた方が確実だ）、ステップ1のショルダーロール（166ページ）の最初のレップにトライする。ちょっとぐらついた。レップ後、なぜぐらついたかについて考える。感じたことを反芻する。平衡感覚が戻ってきたら、次のレップにトライする。今度もどこかがおかしい。改善点を加味して再トライする。呼吸が速くなってくる。息が落ち着くまで何度か深呼吸する。そして、次のレップだ。5分が経過するまでこれを続ける。これがタイムサーフィンだ。

　タイムサーフィンはパワー動作にも使えるが、スキルを習得するときにもっとも威力を発揮する。主観的に自分を分析する時間が取れるので、どんな1レップだったかを熟考できるからだ。レップス数を記録したり、直近のパフォーマンスを破ったりすることに気を散らす必要もない。疲れることなくレップを多数回繰り返すことができる。例に挙げた5分間は初心者に適したサーフィン時間だが、もっと長くすることもできる。レップを増やしたいなら、サーフィン時間を伸ばすか、4つのポイントを守りつつ好きなだけやるようにする。もちろん、時計を睨みながらレップを搾り出す習慣につながらないよう

CHAPTER 13　スキルを開発するメソッド──タイムサーフィンと強化トレーニング──　　311

にしてほしい。しかし、実際にやってみると１分間のタイムサーフィンは思っているより長く感じるものだ。コンディションが上々で、レップ間に10秒間の休憩を挟みながらトレーニングするとしよう。そのペースを守ってやると——１分間でおよそ５レップスになる——５分で25レップスだ。悪くない。

タイムサーフィンは、こんなときにぴったりだ。

・その気になれば複数レップスできるエクササイズをやるとき
・進歩が早いとき
・数種類のエクササイズをすでにやっていて、そのプログラムにスキルワークを導入したいとき

トレーニングから「搾乳」したいとき——動作を慎重にコントロールしながらエクササイズから利益を搾り続けたいとき——タイムサーフィンはすばらしい成果をもたらす。長期間にわたってその状態が続く。しかし、マイナス面もある。練習時間が制限されることだ。24時間のうちのたった５分間ではやっている気がせず、ちょっとした不全感が残るだろう。タイムサーフィンは、その動作がある程度安定的にできるようになった段階でもっとも輝きを増す。自分にとって難度が高いスキルをやろうしている——しかし、まったく手が届かないわけではない——場合には次に説明する強化トレーニングの方がうまくいく。

## CONSOLIDATION TRAINING
## 強化トレーニング

強化トレーニング（CT）については『プリズナートレーニング１』で説明している。

あるエクササイズのレップス数がどうしても増やせない場合、強化トレーニングを試すとよいだろう……特に、あるステップから次のステップにステップアップするのが難しいとき……ステップが進

むにつれて、これは珍しいことではなくなる。強化トレーニングは、状況を打開する優れた対処法になる。新しいエクササイズを週に1〜2回練習し、毎回レップス数を増やすのに苦労するのではなく、毎日、時には1日2〜3回、同じエクササイズに取り組むのだ……可能な限りレップを重ねるのではなく、1レップだけ、あるいは、最大2レップ行う。朝起きた時に1レップ、昼食後にもう1レップ。もう1レップは消灯前といったふうに。正しいフォームで行うこと。しかし、無理はしない。何レップもやって筋肉を一度に激しく使うのではなく、1レップに分散してトレーニングする。がんばりを拡散するゲームだと考えればいい。痛みを覚えたら、2〜3日休む。1〜2週間、このユニークなやり方を試みる。何日か過ぎると、不可能にも思えたステップがたやすいものに思えてくる。強化トレーニングから通常トレーニングに戻ると、複数レップ行うことが難しくなくなっているだろう。

『プリズナートレーニング1』Chapter11

以下のような場合に CT を使うといい。

・格闘している技術（技術の構成要素）やステップを向上させたいとき
・一度だけだが、その技術をクリアできているとき
・前ステップと比べて難しいと感じるとき

　強化トレーニングはごく自然なトレーニング法でもある。ウエイトトレーニングに伝わる習慣から、ワークアウトは、〝レップス数×セット数〟から成る別個のセッションで構成すべきものだと条件付けられているアスリートたちには、奇妙なアプローチ法に映るかもしれない。しかし、レップス数やセット数に洗脳されていなければ、このトレーニング法が人間にとってもっとも自然で本能的なメソッドであることがわかる。何か難しい技術——ブレイクダンス、チアリーディング、あるいはパルクールなどにおける妙技——を身につけようとしている子どもたちを定点観測しているとそれがわかる。うまくできないとき、子どもたちはその場で何度もやり直そうとはしない。数日間、顔を見せなくなって、そのうちひょっこり戻ってくる。そして、完璧に演じてみせる。見かけなかった間、たぶん、学校に行く前の裏庭で、休み時間の校庭で、さらに、夕食前にも練習しながらトライ＆エラーを繰り返していたのだろう。インターバルを挟みながらの数知れない1レップを続け

ていれば、いつかはコツをつかむ。究極的には、そのやり方が、わたしたち人間が何かを学ぶときの唯一の方法になる。それは、若い動物が〝じゃれ合いながら〟闘い方を学ぶ方法にも似ている。

　強化トレーニングにも欠点がある。システムだっていないため、やり過ぎ、または、やらなさ過ぎにならないよう勘（体の知恵）に頼らなければならない。時間をそれほど取られないので1日に何度もトレーニングできるが、仕事、学校、家事などで忙しい毎日を送っていると、結局、痛みを伴うものに変わる場合がある。強化トレーニングは、ひとつ、多くてもふたつの動作に絞る時にもっとも効果を発揮する。そこに追加すればするほど、内容が希薄になっていき、神経系が情報の渋滞に苦しむことになるだろう。イクスプローシブ6すべてを強化トレーニングの対象にするのは無理だし、できたとしても非生産的になる。あるいは、まったくの逆効果になるのでよした方がいい。

# LIGHTS OUT!
## 消灯！

　Chapter11で説明したように、スキル系チェーン（キップアップ、フリップ、マッスルアップ）は、レップス数×セット数でのアプローチ法には馴染まない。この章で紹介した2つの方法、タイムサーフィンと強化トレーニングならうまくいく。

　タイムサーフィンと強化トレーニングから得るものは大きい。しかし、マイナス面もある。タイムサーフィンは練習時間が限られる。強化トレーニングは今やっているプログラムに導入しづらい。アスリートのほとんどは、日々のトレーニングにこの二つをブレンドしたいと思うだろう。わたしは、いつものプログラムにタイムサーフィンを巧妙にはめ込み、タフな動作に出くわしたとき、または、その動作を少し早くマスターしたいときに、日に数回やる強化トレーニングを加えるよう勧めている。

　具体的にどうプログラミングしたらいいかを次章で説明しよう。

最近のアスリートはプログラムテンプレートについて話したがるが、わたしが若い頃、頭の中にあったのはトレーニングだけだった。レップを追加したり、工夫を加えたり、記録を破ったり、新しいスキルを習得する方法を編み出すことに夢中だった。そして、そこに「プログラム」が存在することにさえ気づかずにいたものだ。こういった背景があるので、前2冊には、必要最小限のテンプレートしか載せていない。

アスリートに多数のプログラムを渡すと長期的には悪影響を及ぼすことになるという思いもある。最初の本で説明したように、アスリートにとってもっとも大切なのはセルフコーチング技術を身につけることだ。それはあなた自身がかく汗で始まり、そして、終わる。ワークアウトする！ その中から学んでいくものだ。先史時代の穴居人の物言いのようだが、そうするしか手に入らないものだ。

## FOUCUS ON PROGRESSIONS, NOT TEMPLATES
## テンプレートではなく、プログレッションに焦点を当てる

テンプレートではなく、プログレッションにすべてのカギである。『プリズナートレーニング1』でもっとも伝えたかった点はそこだ。生産的なトレーニングとは何かが理解できれば、筋量を増やす、筋力をつける、関節の

可動性を高めるといった、どんなタイプのプログラムにおいてもプログレッションを使うことができる。天才的なアスリートが編み出したものであっても、テンプレートに魔法的なところはない。アスリート本人だけが、集中力、努力、一貫性、そして体の知恵を使って自分限定の魔法を調合することができる。〝良くなっていく〟ことに集中する。そこに、プログラムが自然にでき上がっていく。

ミレニアル世代は、実際に体を動かすことよりも、インターネットの中で、トレーニングについて会話したり、書いたり、尋ねたりすることを好む。そして、その間抜けなロバから降りようとはしない。魔法的なテンプレートを探すことにエネルギーを消耗させるのではなく、そのエネルギーと好奇心を、次のワークアウトのために温存すべきだ。

　前二冊で紹介したテンプレートがさほど重要ではないとしたら、この本ではもっとそれが言える。スキルにかかわるプログレッションが多いので、数日ごとに複数レップスを数セットこなすような、典型的なテンプレートではうまく機能しないからだ。機能するのは、一日を通して頻繁に行う強化ト

レーニングだ。そして、強化トレーニングは平均的で決まり切ったテンプレートに押し込む類のものではない。柔軟性、直感、自由裁量を用いて行うものになる。ここまでの数章を読んでいれば、わたしが言っていることがわかるはずだ。

とはいえ、トレーニングを計画する上で最初のヒントになる雛型を以下に示したい。参考になるところがあればうれしい。

## ウォーミングアップ・プロトコル!

ご注意! 次ページのピュアパワーから始まるテンプレートにある〝セット〟は〝ワークセット数〟つまりウォーミングアップ後にやるワークアウトでのセット数を示している。

ハードなトレーニングの前に欠かせないのがウォーミングアップだ。高速動作になると、なおさらその重要度が増す。筋肉が温かくしなやかになったか、関節が自由に動くようになったか、反射神経が同調するようになったかを確認する。

ウォーミングアップは少しずつ神経学的抑制を解いていくので〝パワー〟ギアをシフトアップしてあなたを〝強く〟することができる。パワーリフティングや重量挙げでウォーミングアップを重要視するのは、ポテンシャルを最大限まで引き出せるようになるからだ。

どれくらいウォーミングアップするかはケースバイケースで。あなたの年齢、その日のコンディションや気温によって変わってくる。イクスプローシブ・キャリステニクスのウォーミングアップには以下のようなものが適している。

CHAPTER 14 サンプルプログラム──セッションテンプレート──　　317

- 関節廻し（『プリズナートレーニング2』、188ページ参照）
- 各章にある監房内ドリルやアニマルムーブ（ボーナスセクション2参照）などの全身を温めるエクササイズを数分間。高レップスやること。
- 〝筋緊張させたときの柔軟性〟を引き出すエクササイズを用いて硬くなっている部位をストレッチする。
- ワークセットと同タイプの動作を軽めのセットで。これからやるエクササイズをステップダウンさせ、それを2～3セットやるといい。先行して〝温める〟タイプのウォーミングアップを高レップスやっていたら、こちらは、低レップスでOKだ。

## 強化トレーニングにおけるウォーミングアップ

　イクスプローシブ・キャリステニクスをやる前には、常に何らかのウォーミングアップを。それは、折りに触れてやる強化トレーニングでも同じだ。ボリュームがあるトレーニングを日に何度もやれば疲れるのは当たり前だが、長すぎるウォーミングアップを日に何度もやることも疲労につながる。関節可動域を広げるエクササイズに加え、やろうとしているドリルの〝簡単な〟ステップを少しやるくらいがちょうどいい。

## PURE POWER
## ピュアパワー

### 1日目
ジャンプワーク　2レップス3セット
パワープッシュアップ　2レップス3セット

## 2日目
休日

これを繰り返す。

　セットはワークセット数を意味する。各エクササイズを始める前に、ウォーミングアップをじっくり行うこと。

---

　パワートレーニングが初めてのアスリートにとって、これ以上シンプルなプログラムはない。二つのパワー動作を運動量が少ないかたちで1セッションにまとめてある。ピュアパワーをやった後、筋力ワークアウト、心血管系ワークアウト、スポーツトレーニングに移ってもストレスが少ない。進歩するにつれて、運動量を増やしていく（301ページ参照）。

バリエーション：
・上記のレップス数とセット数は一例に過ぎない。3の法則と6の法則に従って、自分に合ったレップス数とセット数を決めてほしい。

・超初心者向けの超低運動量プログラムだ。筋肉や関節の調子が整ってきたらレップス数とセット数を増やしていく。ただし、イクスプローシブ・キャリステニクスは持久力トレーニングではない。フレッシュな気持ちと体で動ける1レップを保ちながら、最大出力を出す。体がダレ始めたらそこで終わりにする。
・この運動量でも痛みが残る場合は、休日を1日追加する。

・少し変化を加えてもいい。1日目にジャンプ、2日目にパワープッシュアップをやり、3日目を休日にする。または、休日を固定せず、疲れを感じたらそこで休日にする。

CHAPTER 14　サンプルプログラム──セッションテンプレート──　　319

## SCARED TRINITY
# 聖なるトリニティ(三位一体)

**1日目**
ジャンプワーク　2レップス6セット
キップアップ　5〜10分

**2日目**
パワープッシュアップ　2レップス6セット
キップアップ　5〜10分

**3日目**
休日

これを繰り返す

　パワー動作にスキル動作を加えるとしたらジャンプとパワープッシュアップの両チェーンがステップ6に達してからにした方がいいと、わたしは生徒たちにアドバイスしている。最初に加えるのはキップアップチェーンが好ましい。3つの理由がある。まず、キップアップがアジリティ技術の基礎を教えるものだからだ。体を部分回転させるし、膝を頭に向かって引くことから股関節を屈曲させる。また、ウエストをすばやく動かす要素も含まれている。第2に、他のチェーンに比べ、体にかかるストレスが小さい。第3に、スキルチェーンの中でもっとも簡単な動作だからだ——キップアップができなかったら、フリップには手が届かないし、マッスルアップもうまくできない。このプログラムなら、パワートレーニングを続けながら、8日で6セッションのキップアップができるので上達も早い（スキル動作はタイムサーフィン時間のみ示していく。310ページ参照）。

バリエーション：
- ワークを少なくする：必要であれば、セッション間に休日を追加する。
- ワークを多くする：頻度を高くしたければ、休日をスキップして連続4日間ワークし、その後に休日を取る。しかし、オーバーワークになる可能性がある。

## 4-LEAF CLOVER
## 四つ葉のクローバー

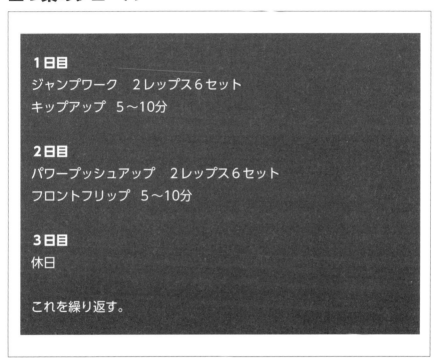

**1日目**
ジャンプワーク　2レップス6セット
キップアップ　5〜10分

**2日目**
パワープッシュアップ　2レップス6セット
フロントフリップ　5〜10分

**3日目**
休日

これを繰り返す。

　パワードリルに取り組んだ結果、パワーがついてきた。キップアップのコツもつかみ、ステップ6か7に到達している。イクスプローシブ6の別のチェーンにトライしたいなら、そろそろその頃合いになる。経験的には、フロントフリップがいい。（わたしの意見だが）フロントフリップはバックフリップより難しいが、初心者の多くは、後ろに向かってかかとが頭を越えていく動作に怖気づきやすい。フロントフリップの初期ステップは、バックフリップの初期ステップよりも恐怖を覚えずにできる。ここでは、〝聖なるト

リニティ〟の中のキップアップ１セッションを、フロントフリップチェーン
の初期ステップと交換している。

バリエーション：

・プログラムは柔軟にとらえてほしい。キップアップが好きでもっと頻繁にやりた
かったら、２日目のフロントフリップをやる前に、キップアップをシングルで、た
とえば５回繰り返すのも手だ。

・フロントフリップをもっと練習したければ、上記の考えを発展させ、１日目と２日
目の両日に５分間のキップアップセッション、続いて５〜10分間のフロントフリッ
プセッションをやるようにする。とはいえ、かみ砕ける以上のものを口に入れない
ように——過負荷は思っているよりも早い燃え尽きを招くだろう。

# "25s"

---

**１日目**　好みのチェーン　１レップを５セット（２時間ごとに）

これを繰り返す。必要に応じて数日休む。

　すべてのセットはワークセットを意味している。エクササイズを
始める前に、ウォーミングアップを行うこと。

---

　イクスプローシブ６をすべて学ぶ必要はない。単純に、スキル動作を１つ
だけ学びたい場合もある。例えば、レスリングをやっていて、ブリッジの爆
発的バージョンとしてバックハンドスプリングをマスターしたいとか、６つ
あるチェーンのひとつだけに魅かれるアスリートには、このプログラムが適
している。〝25s〟は強化トレーニングに適用しやすいので、チェーンの初
めからこれを使うことも可能だ。少しウォーミングアップし、ステップ１を

シングルで５回繰り返す。それを日に５回繰り返すと25レップスになる。最低２時間、間隔を置く。納得できるフォームで25レップスできるようになったら、次のステップへ。必要であればいつ休んでもいい。

バリエーション：

・このプログラムは、２つのチェーンで早く進歩したい場合にも機能する──２時間ごとにチェーンを切り替えるのだ。ただし、２チェーンを超えると多すぎになるだろう。

・取り組んでいるステップの難度、その日のコンディション、および利用可能な時間に応じて数字を微調整すれば、自分を厳しく制御する強化トレーニングにできる。オプションには、

― １時間につき３レップス（５時間にわたってやる）＝15レップス
― １時間につき５レップス（５時間にわたってやる）＝25レップス
― １時間につき３レップス（10時間にわたってやる）＝30レップス
― １時間につき５レップス（10時間にわたってやる）＝50レップス

などがある。

## 2-DAY SPLIT
## 2デイスプリット

**１日目**
ジャンプワーク　３レップス６セット
パワープッシュアップ　３レップス６セット
キップアップ　５分
バックフリップ　10分

**２日目**
オフ

**3日目**
ジャンプワーク　3レップス6セット
パワープッシュアップ　3レップス6セット
フロントフリップ　10分
マッスルアップ　10分

**4日目**
オフ

　これを繰り返す。セットはワークセット数を意味する。各エクササイズを始める前に、ウォーミングアップをじっくりやること。

　パワー／スピード／アジリティ能力を最大化したいアスリートなら、いつかは、イクスプローシブ6のすべてのチェーンにトライしたくなる。1セッションで6つのチェーンすべてをワークするのは不可能ではない──オリンピックに出てくる体操選手は、たぶん1セッションで1ダースの動作をやっているだろう。しかし、普通のアスリートだと、半ダースでもやり過ぎになる。肉体的に燃え尽きるし心理的に停滞するので、6つのチェーンを2つのセッションに分け、1セッションにつき3エクササイズに集中するやり方を勧めたい。

バリエーション：
・このアプローチ法も強化トレーニングと相性がいい。2デイスプリットをやりながら、うまくいかないステップをミニセッションにしてところどころに挿入するのだ（〝25s〟参照）。特定のステップで「立ち往生」し、追加で練習が必要な場合は、このバリエーションがうまく機能する。

# THE MUSCLE MAN
## ザ・マッスルマン

ジャンプワーク （主に下半身を対象にする）スクワットをやる前に5〜10分

パワープッシュアップ （主に上半身を対象にする）通常のプッシュアップをやる前に5〜10分

キップアップ （主にミッドセクションを対象にする）レッグレイズをやる前に5〜10分

フロントフリップ （主に肩を対象にする）ハンドスタンド・プッシュアップをやる前に5〜10分

バックフリップ （主に背中や下背部を対象にする）ブリッジをやる前に5〜10分

マッスルアップ （主に広背筋や上背部を対象にする）プルアップをやる前に5〜10分

すべてワークセット。エクササイズを始める前にウォーミングアップをじっくりやること。

　この本を読んでいる人のほとんどが、パワーやスピード、アジリティ能力に興味を持っているだけでなく、すでに筋力トレーニングをやっているだろう。今までのルーチンにイクスプローシブ・キャリステニクスを統合する方法として、最初にイクスプローシブワークをやり、それに続いて、通常の筋力トレーニングに移るスタイルがある。筋力トレーニングの前に、疲弊しない程度のイクスプローシブワークをやれば、神経系的な充電ができ、筋力を増やすことにつながる。まさにこの理由から、昔のストロングマンはスクワットをやる前にジャンプしたものだ。すでにやっている筋力トレーニングにイクスプローシブ・キャリステニクスを加えると、体への要求度が高くなりすぎることがある。そのため、新しいチェーンをここに、追加のセットを

CHAPTER 14　サンプルプログラム——セッションテンプレート——　325

あそこにといった感じで、ワークを気軽に投げ入れるスタイルにしたい。回復を早めるために、セッションごとに異なる部位を攻める「スプリットルーチン」を採用している場合、そこに、（全身が対象になる）イクスプローシブワークを加えると、綿密につくり上げてある今までのルーチンが台無しになる場合がある。唯一の解決策は、慎重に採用していくスタイルだ。そして、進歩の度合いが落ちてきたと感じたり、疲れや痛みを感じたりするようになったら、即、減速する。追加の休日を挿入してもいいし、瞬発力ワークはスキップして通常ワークのみやって、次にまた採用してみるのもいい。

## JOHNNY KUNG FU
# ジョニー・クンフー

**1日目**
ジャンプワーク　3レップス6セット
キップアップ　5分
バックフリップ　10分
フロントフリップ　10分

**2日目**
パワープッシュアップ　3レップス6セット
マッスルアップ　10分

**3日目**
オフ

繰り返す。
　セットはワークセット数を意味する。各エクササイズを始める前に、ウォーミングアップをじっくりやること。

経験を積んだイクスプローシブアスリートが6つのチェーンのすべてを
ワークするためのプログラム。高頻度になるので、少し特殊化してある。1
日目はジャンプスキル（ジャンプ、キップアップ、フリップ）、2日目は上
半身のパワー（パワープッシュアップ、マッスルアップ）に焦点を当ててい
る。

バリエーション：

・6つのチェーンがすべてにおいて、マスターステップに達しているアスリート向けの
　プログラムだ。得たパワーやスキルを維持するためにも使える。トレーニング後に、
　各章の〝その先へ〟セクションからピックアップしたワークを追加することも可能だ。
・ここまでと同様、動作に活気がなくなったら、休日を随時追加する。イクスプロー
　シブ6には、負荷がかかる部位が重なるドリルがある。場当たり的に休む日を追加
　するのではなく、セッションをやった翌日はいつも休みにした方がいいアスリート
　もいるだろう。

# LIGHTS OUT!
# 消灯!

　知的なアスリートは知的なテンプレートを欲しがるものだ。しかし、完璧
な、あるいは魔法のようなテンプレートを探すことに、時間を費やしてはな
らない。その魔法は、努力、本能、一貫性と献身を原料にしてアスリート自
身が調合するものだからだ。テンプレートは常に二次的なものだ。そして、
ブルース・リーが言っていたように、トレーニングは客観的に探求するもの
ではなく、主観的に探求するものだ。それは、自分自身の心と体が適応でき
るかどうかを見極める、繊細で興味深い探求になる。この旅を長く続けるつ
もりなら、創造的であること、自分に優しくあることを常に心がけてほしい。
自由で柔軟でいることが何よりの原動力になるからだ。6～8週間ごとにプ
ログラムの一部を変更したり、トレーニングへの興味が途切れたりしないよ
うに工夫を重ねるといい。ビル・パール（World's Best-Build Man of
Centuryと称えられた男）は、一生を懸けて続けられる唯一のプログラム
などあるはずがないといつも言っていた。それが真実だ。

CHAPTER 14　サンプルプログラム──セッションテンプレート──　　327

優れたトレーニングプログラムは、実際には〝ルーチン〟ではなく〝アプローチ〟だ。あなたの人生、本能、ニーズに合わせて、変数（セット数、レップス数、エクササイズの順番、頻度）を組み合わせるパズルでもある。前2冊に載せたプログラムを聖書にある一節のような調子でわたしに話す人たちがいる。それは、買いかぶりってものだ。彼らは、自分をないがしろにしている。実権はあなたの手の中にある。自分を信じ、自分が叩くドラムのビートに合わせて体を動かすのだ。そうしていれば、あなた独自のプログラムが自然にできていくだろう。

# BONUS SECTION 1

## 高度なスピードトレーニング
## コーチウェイドの10のトリック&ハック

### ADVANCED SPEED TRAINING: "COACH" WADE'S TOP TEN TRICKS AND HACKS

このマニュアルをここまで読めば、イクスプローシブアスリートになるための方法——パワー、機能的スピード、アジリティ能力と反射神経を優れたものにするための自重力トレーニングのやり方——がわかっているはずだ。どんなエクササイズがあるかとか、各チェーンにおけるプログレッションやプログラミングについても理解しているだろう。

ほとんどの著者はこの辺で終わりにする。そして、次の本に移る。わたしは違う。とどまることを知らない馬鹿であり、もっと伝えたいことがある。だから、ベッドに入る前にもう2章付け加えることにした。ボーナスのひとつ目は、銃口から発射された弾丸よりも速くなるためのヒントと戦略だ！

10あるアイデアのうちのいくつかは基本的なものだ。常識を持ち合わせたアスリートであれば、それらが、スピードを増幅するために採用すべきものであることがすぐにわかるだろう。風変わりなものもいくつかある。好きなように選べばいい。その中に、トレーニングを助けるアイデアとか、パワーやスピードに対して精神的にどうアプローチしたらいいかがわかるヒントがひとつでもあれば、夜更かししてこれを書いた価値があったというものだ。

では、始めよう。

## SUPER-SPEED TACTIC #1
## HACK THE SPEED CYCLE!
# スーパースピード戦略 #1
# スピードサイクルをハックせよ!

　スピードサイクルは現代的なジムにはない概念だ。だから、スパンデックスに身を包んで自転車を漕ぐホットな小狐ちゃんを口説く話題にはならない。スピードサイクルとは、パンチから身をかわす、フリスビーをキャッチするためにジャンプする、動いているクルマを飛び越えるといった高速動作を、理論的なプロセスに分解したものだ。スピードトレーニングを実りあるものにしたいなら、何よりもこのプロセスを理解する必要がある。それは、ほとんどのアスリートが気にも留めない5段階から成っている。

　スピードサイクルのステージを見ていこう。

| STAGE 1 | 前知覚 | |
| --- | --- | --- |
| STAGE 2 | 知覚スピード | |
| STAGE 3 | 認識スピード | |
| STAGE 4 | 決定スピード | |
| STAGE 5 | 動作スピード | |

BONUS SECTION 1　高度なスピードトレーニング コーチウェイドの10のトリック&ハック

## I. 前知覚

　速い動作が求められている可能性に気づくのが最初のステージになる。たとえば、Red Wings Suck！（レッドウィングスはクズだ！）と書かれたTシャツを着てデトロイトにある大衆酒場に入ったとする。ご存知の通り、デトロイトはレッドウィングスの本拠地だ。そのTシャツを目に留めたでかくて前歯がないホッケーファンがあなたを威嚇し始める。ちょっとでも脳味噌があれば、それが現実化していない段階から、攻撃される可能性に気づくだろう。これが前知覚だ。この段階には、置かれた環境に対する感覚的な認識だけでなく、今体験していることに対する、訓練によって得た、あるいは、直観的な心理プロセスも含まれている。〝前知覚〟は、予測不可能な何かが起こったときには存在しないステージだ。たとえば、歩いていたら、顔めがけていきなりレンガが飛んでくるというような……そんな〝環境〟に置かれるのは、ひどくまれなことであり、予測しようがないことでもある。

## II. 知覚スピード

　これは、たとえばパンチが実際に顔めがけて飛んできていて、速く動かなければならない事態にあることを認識する段階だ。主に視覚を通して情報が入ってくるが、置かれた環境によっては他の感覚が大きな助けになることがある。

## III. 認識スピード

　すばやく飛んでくる拳を目がロックする。そこで、実際に何が起こっているかを脳が認識するまでに何分の1秒かの時間が必要になる。信じられないかもしれないが、わたしたちは、その大男の手の動きにいくつかの異なる可能性を見ている。倒れかかってきている？　肩を軽く叩きたい？　ハイタッチしたい？　等々もそこに含まれている。

## IV. 決定スピード

　今や攻撃されていることがわかった。そのため、ベストの対処法を決めなければならない。もちろんすごい速度ですべての物事が進行している。映画『シャーロック・ホームズ』のファイトシーンでは、ロバート・ダウニー

Jr. がここまでのプロセスをスローモーションで見ていたが、そこまで高度にスピードサイクルを扱える人はいない。これは長い時間を要する前頭葉の決定を待ってはいられない事態だ。かわす？ それともブロックする？ 逆に先制パンチをお見舞いする？ どうするかは脳幹が即決することになる。

## V. 動作スピード

　腕を上げ、あとずさることでパンチをブロックすべきだとあなたの脳が判断する——いい決定だ。ここで残るのは、体を使って実際にそう行動することだ。動作スピードは、神経系や筋肉がどれだけ速く機能し、動作を現実化できるか？ そのスピードを指す。

＊＊＊＊＊＊＊＊＊

　ステージの進み方にはさまざまな考え方があり、内容は同じでも違う用語が使われていたり、より細目化されたステージが加わったりする場合がある。あなた独自の解釈があってもいい。

　この〝変化表〟の中でもっとも興味深いところは、速くありたいアスリートのほとんどが、ステージ V に100％のトレーニング時間を費やしている点だ。つまり、動作スピードを上げようとする。それも大切ではあるが、それだけでは見当違いになる——他の4ステージを見逃しているからだ。あなたを本当に速くするのは残りの80％だ！

　どうしたらいいか？ 他の4ステージをトレーニングする方法を見つけて、ワークアウトに加えるのだ。ここからのいくつかのスピード戦略は残りの4ステージに焦点を合わせ、どうすればいいかについてのアイデアを紹介するものになる。

BONUS SECTION 1　高度なスピードトレーニング コーチウェイドの10のトリック&ハック

SUPER-SPEED TACTIC #2
EXPLOIT GRETZKY'S LAW!
## スーパースピード戦略 #2
## グレツキーの法則を活用する！

　ウェイン・グレツキーは、氷上に足を踏み入れた史上最高のホッケー選手
だと言われている。あらゆる点で卓越した才能を持っていたが、もっとも印
象的だったのは、光のようなそのスピードだ。そして、ホッケーがもともと
スピードを競うスポーツであることを考えると〝The Great One〟と呼ば
れているのにも納得がいく。

　なぜそれほど優れたプレイヤーであるかを問われると、グレツキーはいつ
も平凡ともいえる答えを返していた。

　良いホッケー選手はパックがあるところでプレーする。偉大なホッケー選手はパックが向かうところ
でプレーするものさ。

———ウェイン・グレツキー

　この返答がスピードサイクルのどこにかかわるか考えてほしい。反応時間
や動作スピードに何かを及ぼすものではない。次に何が起ころうとしている
かについての予測だからだ。つまり、ステージⅠの〝前知覚〟にかかわって
いる。

　どんなスポーツをやる場合も、あるいは速度を必要とするどんな状況にお
いてもこれは当てはまる。何かに「反応する」ために受動的に待つ代わりに、
事態が次にどう動くかを能動的に予測することであり、それが何分の１秒前
であってもその分、対戦相手よりも早く反応できる。これは、殴り合いや緊
急事態が起こった場合だけでなく、すべてのスポーツに当てはまる。テニス、
バスケットボール、レスリングなど、どんなスポーツであっても。

　どう開発するか？　３つポイントがある。五感を総動員すること、意識を

集中させること、そして目の前で起こっている状況を分析できる知識を蓄えることだ。最初のふたつはその気になれば、多かれ少なかれその場でも可能になる。3つ目は学習するものだ。かかわっているゲーム、置かれている環境について学習するのだ。対戦相手を研究することだ。そこにいくらかのエネルギーを注ぎ込むことができれば、次に何が起こるかについての手がかりを拾うことができる。スパーリングなら、対戦相手が体重を後ろ足に移したのは、前蹴りの用意のためかもしれない。テニスなら、対戦相手があなたがいる場所の左側をさっと見たのは、そこにショットを打ち込むためかもしれない。変数はとても多い。しかし、やっているスポーツや状況に応じて、カギとなる変数を特定できるはずだ。

この見地から物事に取り組んでいるアスリートはとても少ない。能動的に予測するのではなく、本能的に反応することに慣れ親しんでいるからだ。わたしたちは野生動物と同じように、アドレナリンに導かれるままに反応していることが多い。そこからステップアップして、脳に備わる〝予測する力〟を活用しない手はない。

予測することがウェイン・グレツキーを偉大なスピードプレイヤーたらしめたとしたら、そこには大きな意味があるはずだ。

## SUPER-SPEED TACTIC #3
## TRAIN THE SENSES!
# スーパースピード戦略 #3
# 五感を訓練する!

戦略#2は、スピードサイクルの最初のステージ〝前知覚〟にかかわるものだったが、これは2番目のステージ〝知覚スピード〟にかかわるものになる。

五感の健全性と効率性は、全体的なスピードを決定的に左右する。「起こっていること」を見るスピードが遅いと、反応も遅くなる。全体的なスピードが決まる上で、反応時間は大きな構成要素になる。何かに五感が反応してい

る。それは、パンチ、キック、飛び道具を手にした男など、近づいてくる何らかの「出来事」に反応している。これらの「出来事」のほとんどは視覚を用いて認識する。見る――視覚情報が脳に伝わる――そこから、いつ、どのように反応するかを決断することになる。わたしたちは、スピードを決めるのは筋肉システムだとする考えにとらわれている。そうではないのだ。

　さらに、知覚システム（五感）は鍛えられないという考えにもとらわれている。マーシャルアーチスト――特に、伝統的なマーシャルアーツを学ぶ人たち――は例外だ。この古くからあるトレーニングシステムには、異なる感覚を鍛えるさまざまなメソッドがある。そこから学ぶことは多い。感覚をトレーニングするときに必要になるのは想像力だ。その取っかかりになるアイデアを紹介したい。

## 視覚

　目を健康にするためにつくられたエクササイズは多い――ロウソクを見つめることで、瞬きしたいという本能を遮るヨガのテクニックもそのひとつだ。眼球を動かして目の前に8という数字を描き、それを巡回する方法も知られている。10回やって休み、逆方向に繰り返す。これを根気よく続ければ、視覚にかかわる筋肉が速く動くようになり、知覚スピードが上がる。横になってテレビを観るのと同じくらい簡単な方法で、周辺視野を訓練することもできる。まっすぐ前を見て、そこで目につくものに焦点を合わせる。目の側部にある神経系が強くなるにつれ、見る角度をすばやく変えられるようになる。また、歩行中に周囲を見回すことも、目を動かす筋肉や組織を鍛える――さまざまな距離にあるさまざまな対象物に焦点を合わせていると、融通が利く若々しいレンズを保つことができる。

## 聴覚

　最近は、耳にするすべての音が大きくなった。テレビ、ラジオ、映画はガラクタをぶちまけたような騒々しい音を出す。フランスの哲学者ルソーは、テクノロジーが物事を容易なものにするにつれ、わたしたちの感覚器官は衰えていくだろうと予測した。それが現実になっている――いつも騒音にさら

されていることによる聴覚の衰えが、疫病のように蔓延しているからだ。わたしたちの祖先は、捕食者や獲物を見つけるために、葉がわずかにカサカサする音や草が曲がった音を聞き分けていた狩猟採集者だった。だから、ちょっと時間を割けば、聴覚も旧石器時代のデフォルト設定に戻すことができる。たとえば、ほとんど聞こえなくなるまでテレビの音量を下げる。音に集中し、聞こえるようになったら、さらに音量を下げる。そのプロセスを繰り返す。テレビなどなくてもいい。静かな環境にしばらく座る。すぐに周囲の世界が完全に〝沈黙〟しているわけではないことに気づくだろう。壁がきしむ音、パイプの中を流れていく水の音、鳥の啼き声、遠くにいる人々の話し声が聞こえてくる。時間をかけて練習すれば、聴覚が奇妙なまでに洗練されていくだろう。音源位置特定もいいドリルになる。何かあまり音を立てないもの——たとえば、冷却ファンを備えたラップトップなど——を、自分がいる位置からある程度の距離に置く。次に、目をつぶって方向感覚を失うまで体を回転させる。静止して、音源がどこにあるかを特定できるまで聞き耳を立てる。わずかな音がどこから発生しているかを知ることは——特に、視野の外から脅威が迫りくる場合は——とても大切なサインになる。

### 運動感覚

　体への接触をスピードにからめて考えることはないが、〝見る〟より〝触る〟感覚を手がかりにして、より速く反応できるときがある。保安担当者やボディガードの多くは、ジェフ・トンプソンが〝ザ・フェンス〟と呼ぶ接触技術を学んでいる。それは、自分の手をゆっくりと胸の前に伸ばし、次に、攻撃者が指先に触れたら——攻撃範囲内に入り——打つ訓練だ。古代の詠春拳マスターはチーソーと呼ばれる触覚反射トレーニングをやっていた。詠春拳を子どものときに学んだブルース・リーが、時代を超えた最速の男の一人と認められているのは偶然の一致だろうか。わたしはそうは思わない。

### 嗅覚／味覚

　速くなるために嗅覚や味覚は役立つだろうか？　たぶんそうだ。哺乳類は周囲の状況を知るために空気を嗅ぐ。ヘビなどの爬虫類は、獲物や交尾相手の行動を（文字通り）味わうために舌を突き出す。動物種の多くは、他の動

物からの、誘惑、恐怖、暴力などのメッセージをフェロモンやホルモンを介して嗅ぎ分けている。ヒトはこれらの変数を環境から拾うことはできない。しかし、そういった感覚は消えてはいないと思う。目の前にいる人、あるいは置かれた状況に対しては第六感が働くものだ。文明化された人々は、人や出来事に対して感じる自分の本能的な反応を無視するのに苦労しているが、スマートなやり方ではないと思う。本能に耳を傾け、それを信じる。現代においても、それが、生と死を分かつものになるときがある。

## SUPER-SPEED TACTIC #4 :
## EXPLOIT REFLEX CHANNELING!
## スーパースピード戦略 #4
## 反射チャンネルを開発する!

　FBIのトレーニングスクールを見学すると、そこでの危機管理訓練のほとんどが同じテクニックの繰り返しであることがわかる。陳腐に見えてくるほど繰り返し、そこから、さらに繰り返す。そうする理由は二つ。一つ目は、「興奮とパフォーマンスは逆相関する」と考えるヤーキーズ・ドットソンの法則に基づいている。言い換えれば、危機や決定的な事項に直面して、極度に感情的に昂ぶっているときのパフォーマンス(スピードも含めて)は地に落ちる。そうなると、いつもの自分ではなくなる。そこに〝あなた〟がいなくても仕事を遂行するには、やるべき動作を反射神経にプログラムしておく必要がある。

　反射神経をどう〝プログラム〟するか? これには、〝繰り返しの法則〟とも呼ばれるヘッブの法則を用いる。ともに発火したニューロンが結びついていき、それが繰り返されるほど結びつきが強くなるとするものだ。神経系に、ある特定の動作——パンチをブロックする、テニスでうまくサーブを決める、悪党を殴り倒す——をプログラムしたいなら、何度もドリルすることで神経系がその動作を無意識的に行うようにすればいい。ここでの〝ドリル〟は何を意味しているだろうか? 高度な蹴りを習得しようとした弟子の話がクンフー界に残っている。師にどうしたらいいか尋ねたところ、足を下ろすことなく、空中でその蹴りを正確に千回やるよう指示された。それができる

ようになると、今度は、硬い対象物を相手に、その蹴りを千回繰り返すよう命じられた。終わると、今度は、硬いだけでなく動く対象物を相手にして同じことの繰り返しだ。最後に、スパーリングでその蹴りを千回繰り返させた——それができて初めて、本物の戦いにおいて蹴りを一回繰り出す準備ができると諭したのだ。これがドリルという意味だ。それは、動作を自分の一部にすることだ。

　スピードとどうかかわってくるのか。それはスピードサイクルの３番目の〝認識スピード〟と、４番目の〝決定スピード〟を左右する。これらのステージでのスピードを最大化するのは、思考ではなく脳幹と神経系が受け持つ自動反射だ。そして、脳幹と神経系に最高の反射能力を備えさせるには、繰り返すことでパターンをプログラミングするしかない。一心不乱に何千レップスも繰り返せば、自動的に走るスピードソフトウェアを神経系に組み込むことができる。それがあなたを無敵にする。

## SUPER-SPEED TACTIC#5
## UTILIZE THE PLYOMETRIC EDGE!
# スーパースピード戦略 #5
# プライオメトリックエッジを活用する!

　プライオメトリックトレーニングと瞬発力トレーニングを混同しているアスリートは多い。ジャンプやパワープッシュアップをやっているアスリートの多くが、「プライオ」をやっていると思っている。しかし、両者は同じではない。

　プライオメトリクスは、ギリシャ語で「More（もっと）」を意味する「プライオ」と「測定」を意味する「メトリック」を組み合わせた造語であり、1960年代後半のソビエトで、ユーリ・ヴェルホシャンスキーによって考案された「秘密の」トレーニング技術だ。筋肉は、急に伸張させた直後に収縮させると、より強く速く収縮する（瞬発力が増大する）。そして、収縮させる前に、負荷がかかった筋肉を急に伸張させるエクササイズであれば、どんなエクササイズであってもプライオメトリクスになり得る。プライオメトリ

BONUS SECTION 1　高度なスピードトレーニング コーチウェイドの10のトリック&ハック　　339

クスはもともと重力を使う方法が取られていて、その典型的なドリルがデプスジャンプだ。ボックスなどから跳び下りると、着地の瞬間からすばやく筋肉が伸張していく——そこから筋肉を収縮させて即座にボックスに跳び戻ればプライオメトリクスになる。

　ヴェルホシャンスキーがこの方法を開発した目的は、陸上選手のケアにあった。突然の転倒が筋肉や神経系に〝ショック〟を与えても、このトレーニングで培ったショックを逆に利用するパワーが、防御的に跳ね返してくれると考えたのだ。この方法は確かに有効で、少なくとも、部分的には、筋伸張反射（ミオタティックリフレックス）を引き起こす。実際、ソビエトでは、このメソッドは「ショックトレーニング」と呼ばれていた（プライオメトリクスという用語をつくり出したのはヴェルホシャンスキーではない。命名者は、ソビエトのトレーニング法を目撃したアメリカ人のアスリート、フレッド・ウィルトだ）。

　この本で紹介したドリルにプライオメトリクスを適用する場合は、レップを落下から始めればいい。（関節を曲げることで）ちょっと沈み込み、即座に爆発的に押し戻すのだ。これは、パワーを要するエクササイズであるジャンプやパワープッシュアップにもっとも適している。

　方法はふたつある。一般的な方法は、ボックスから跳び下り、そこに戻るものだ（別のボックスに移ってもいいし、そのまま空中に跳び跳ねてもいい）。このやり方はプッシュアップにも使える。体の両サイドに置いた適度な高さのボックスに各々の手を乗せ、ボックスから落下し、爆発的に押し戻して、手を再度、ボックスの上に乗せる。非現実的な高さからこれを行うアスリートもいる。

　2番目の（より簡単な）方法は、レップス間に休みを入れないで次のレップをやることだ。考えてみればわかる——地からの最初のジャンプは、プライオメトリクスにはならない。〝ショックを受ける〟落下が先行していないからだ。しかし、最初のジャンプで着地した後、即座に次のジャンプに移れ

340

重力を使う別のショックメソッド──立ち姿勢から〝落ちて〟プッシュアップのポジションを取る。頑強な関節を持つ強者のみに許される試みだ。良い子は真似しないように。

ば、最初のジャンプの落下／ショックがつくるパワーにアクセスできる。したがって、2番目のレップ（さらにそれに続くすべてのレップは）は休みを挟まない限りプライオメトリクスになり得る。プッシュアップでも同じことが言える――最初のレップの落下で充電し、それを2番目のレップに用いればいい。

しかし、ジャンプやプッシュアップを複数レップスやるときはできればこのリバウンドの原則を適用しない方がいい。最初のレップで可能な限り上昇し、着地した瞬間、筋肉の反発力と弾性を使ってすぐにリバウンドする。その1回でいい。ヴェルホシャンスキーは言う。「ショックトレーニングは機能する。そして、瞬発的なスピードを増やす」と。

# SUPER-SPEED TACTIC! #6
# LOSE WEIGHT!
# スーパースピード戦略 #6
# 体重を減らす!

これは、頭を悩ます必要がない戦略だ。しかし、この点について真剣に考えるアスリートがあまりに少ない。キャリステニクスのマスターは腹筋が割れていなければダメだと言っているのではない――腹筋は、体脂肪の最後の数パーセントが除かれると割れるのだが、そこまで痩せなくてもスピードが出るようになる。しかし、10、20、あるいは30キロ以上の余分な脂肪を運んでいたら大きな障害になるのは間違いがない。

体重が軽いアスリートにとっても、バックフリップ、キップアップ、マッスルアップはハードな動作になる。まして、余分な重りを体にくっつけていたら、不可能に近い作業になる。確かに、これらの動作ができるずんぐり体型のアスリートをわたしも何人か知っている。しかし、彼らが余分な体重のすべてを捨てたら、どれほどの存在になれるだろうか！　また、爆発的な動作をやっている間に、余分な体重が関節にどれだけの負荷をかけることになるか想像することも大切だ。それは、生半可なものではない。

（動くことさえできるなら）キャリステニクスを誰だって始めることができる。恐ろしいほどの肥満体であっても、ある種のキャリステニクストレーニングを始めることができる（もちろん、医者の許可を得てからだが……訴えられないために、いちいちこのコメントを必要とするのは悲しいことだ）。体を傷めないよう、ステップ1から始めることだ。〝何もやらない〟より〝何かやる〟方がいいに決まっている。わたしは、常々、脂肪を削ぎ落とす上でキャリステニクスは完璧な方法になると言ってきた。ボディビルディングやウェイトトレーニングのようにカロリーやプロテインの過剰摂取を推奨するものではないし、心血管運動や持久力スポーツのように疲弊から立ち直るためにガツガツ食べることになるものでもないからだ。また、体重を負荷にして動作するよう体に強いると、その現実に適応しようと、脳が、新陳代謝と食欲を調整して無駄な重りを体から取り除こうとし始めるように思える。これはわたしの意見であり、実際にキャリステニクスをやった者たちの意見でもあるが、自重力を使ってトレーニングすれば、無駄な脂肪を落とすことは難しい話ではなくなる。

　どんな食べ方をしたらいいのか？　わたしのやり方は『プリズナートレーニング2』で紹介している。

・強迫観念にとらわれるな──食品の選択は柔軟に
・バランスが取れた食事を（食事ごとに、炭水化物やタンパク質をほどよく摂る。肉、乳製品、野菜、果物、穀物をブレンドする）
・体重を減らしたいときは摂取量を減らす
・1日3食（そこに1〜2回のスナックを加える）にする
・就寝前の数時間は食べず、空腹にして眠りにつく

　これらのアドバイスは、インパクトがあるものでも秘教的なものでもない。そして、以下のようなフィットネス界のアドバイスとは正反対のものになる。

お腹周りの重さが減れば、より爆発的になれる。完璧なミッドセクションを求めるアスリートにお勧めできる唯一のマニュアルは、ダニー・カバドロの『ダイアモンドカット・アブ』だ。

- 食品選択は可能な限り厳しく——ジャンクフードはあなたを殺す！
- まずは、大量のプロテイン。そこにサプリメントを加える
- 主要栄養素のカロリーとグラム数を調べる
- 日に6〜8回食べる
- 食べない状態を2時間以上続けないこと。さもなければ、筋肉が落ちて太る！

　巷に溢れる〝フィットネスのための食事〟に従いたいなら、そうすればいい。しかし、そのアドバイスが、わたしたちの国をデブと無駄遣いの国にし、プロテインやサプリメントをつくる会社を喜ばせているだけであることを警告しておきたい。

## SUPER-SPEED TACTIC #7
## OPTIMIZE JOINT HEALTH!
## スーパースピード戦略 #7
## 健康的な関節をつくる!

　高齢者の行動がゆっくりとしたものになるのは、文字通り終日ゆっくり動くことで、スローに動くよう自分をプログラムしているからでもある。もっと速く動けるはずだが、関節にある痛みが原因でそうなっている場合が多い。速い存在であり続けたいなら——老いも若きも——関節をケアすることが絶対に欠かせない。一般的な考え方をいくつか示したい。

### 馬鹿げた重さのウエイトを使わない

　馬鹿げた重さで馬鹿げた回数のバーベルスクワットをやることが、ジムの一部で流行っていることは知っている。しかし、後々、そのツケを支払うことになる。関節の健康と長寿を考えるなら、自重力しか使わないことが最善の方法になる。自然に逆らわないやり方が常に勝る。そして、間違いがない。

### しなやかな強さを開発する

　〝しなやかな強さ〟または〝筋緊張させたときの柔軟性〟については『プリズナートレーニング2』で詳しく説明している。キャリステニクスを用いて、関節を伸ばし曲げることが関節を強くする。また、軟組織に血液を供給する

ことで不具合を修正し、理想的な関節可動域を維持する方法にもなる。NFLの男たちがヨガを使ってリハビリする理由はここにある。

## 時間をかけて体を開発する

　筋肉は、関節（腱、軟組織、軟骨なども含める）よりも早く成長する。また、開発される。そのため、昔の人たちは、時間をかけて筋力をつけていった。わたしもこの考え方に完全に同意している。新たなエクササイズを始めるときは、思慮分別があるスピードで負荷を増やしていく。このスタイルでトレーニングすることで、筋肉の強さに関節の強さが「追いつく」と、衝撃に対しての防弾力が段違いに強いものになる。

## 弱点をトレーニングする

　関節における障害は、常に次の障害につながっていく。損傷した部位を過剰に保護することが、さらなる筋力の非対称性をもたらすからだ。チェーンは常にもっとも弱いところでプッツリ切れる——もっとも強い場所ではない。だから弱いリンクを失くすことがケガを減らす。

自重力トレーニングと可動性は、卵とベーコンのようにいつも一緒にいる。キャリステニクスを使った関節トレーニングを学びたかったら、アル・カバドロの『ストレッチング・ユア・バウンダリィ』をチェックせよ。

SUPER-SPEED TACTIC #8
EXPLORE B-BALL DRILLS!
# スーパースピード戦略 #8
# バスケットボールを使って練習する!

　監房にいると、反射神経が信じられないくらいの速度で錆びていく。そこで過ごす時間が長くなるほどそれは顕著になる。チームスポーツをすることはないし、Xboxで遊ぶこともないからだ。そんな環境で、反応速度をどう研いでいくか？ 時間をかけて実証されたのが、B-BALLトレーニングだ。バスケットボールを使って一人でワークすることだ。一部の囚人たちから変わり者のように見られることになったが、効果抜群のワークだった。

　ドリルの種類は無限につくることができる。それを制限するのはあなたの想像力だけだ。ボールをキャッチする、向かってくるボールから身をかわす、ボールを落とす、ジャンプしてボールをキャッチする、ボールを弾ませながら歩く、もっともっとあるだろう。基本ドリルをいくつか紹介しよう。

ジャンプスロー：(1) 壁からおよそ腕２本分の距離に立ち、バスケットボールを胸で抱える。(2) 可能な限り高くまでジャンプする。足が地を離れた瞬間に、壁に向かってボールを投げる。(3) 足が地に着く前に跳ね返ってきたボールをキャッチする。

360スロー:（1）ボールをお腹近くで持つ。少し膝を曲げ、準備体勢に入る。（2）ボールを壁に向かって投げる。（3）ボールが手を離れた瞬間、跳び上がって360°スピンし、ボールをキャッチする（適当な壁がない場合は、ボールをまっすぐ上に投げてもいい）。

ディップスロー:（1）ベルトラインの高さにボールを持つ。膝を少し曲げるが、ウエストは曲げない。（2）準備ができたら、すぐにボールを放す（投げないこと）。（3）ボールが地に触れた瞬間（その前ではない！）、しゃがんでボールをキャッチする。ボールが再度地に着く前に行うこと。

## SUPER-SPEED TACTIC #9
## MASTER THE SPEED ILLUSION!
# スーパースピード戦略 #9
# スピードイリュージョンをマスターする!

優れた軍事思想家である、孫子の格言にこんなものがある。

近くにいるときは、遠くにいると敵に思わせなければならない。
遠くにいるときは、近くにいると思わせなければならない。

——孫子の兵法

　拳法に身を捧げた仲間がいた。彼は——50代後半になってからも——血気盛んな若い男たちとのスパーリングで、いつも相手の尻に蹴りを入れていた。俺の方が賢いからねと言っていたが、どういう意味かと尋ねると、実際に自分が位置している場所よりも遠くにいるように見せかける姿勢を取って——いきなり、ズドンと一発! それだけだと。この〝まやかし〟が、彼のパンチを稲妻よりも速く見せた。近くにいるのに、遠くにいるように見せかけるずる賢い〝姿勢〟を使って、あっという間に相手に蹴りを入れることができた。

　もちろん、対戦相手より実際に速いわけではない——実際よりも速く見えるだけだが、それは、実際に速いのと同じことを意味する。マーシャルアーツについての本を多数書いているローレン・クリステンセンは、この戦略を〝スピードイリュージョン〟と呼び、『スピードトレーニング』(1996)という本で紹介している。『スピードトレーニング』は、発刊された瞬間からこのジャンルの古典になり、その内容は今も揺らいでいない。興味があるファイターがいたら手に取ってほしい。

　ここでは戦闘時のスピードを例にしているが、基本戦略——孫子の兵法——は、フットボールやバスケットボール、ホッケーなど、対戦相手とスピードを競うどんな分野にも応用できる。方向やポジションの取り方で、対

BONUS SECTION 1　高度なスピードトレーニング コーチウェイドの10のトリック&ハック　349

戦相手をだませば、見かけ上のスピードで相手の目をくらますことができる。

ずるくて荒っぽいやり方とも言えるが、この〝賢い〟アプローチ法はかなり使えるものになる。

## SUPER-SPEED TACTIC #10
## THINK FAST, KIMOSABE!
# スーパースピード戦略 #10
# 速さについて考える!

速さについて考えれば速くなる？ それはジョークか？

大真面目な話だ。自分が速いと考えること——そして、常にスピードについて考えることが——文字通りあなたを速くする。

クリステンセンの『スピードトレーニング』についてはすでに言及したが、クリステンセンは、執筆中に、彼自身の動作スピードがどれほど速くなったかについても述べている。口先だけで書くのではなく、道場でスピード技術をリサーチし、実際に修業を積んだからだ。ここまでは妥当な話に聞こえるよね？ しかし、そこから突然、クリステンセンは奇妙に聞こえる何かを投げかけてくる。まるでクリステンセン自身が、それを受け入れるのに苦労しているかのように。

……わたしのスピードが改善した理由の半分は、わたしがそれ（スピードトレーニング）に汗をかいてきたからだが、もう半分は、速度についてここ数か月間考えてきたからだと確信している。
「こいつは何を言っているんだ？」と、読者は考えるだろう。
「速くなることについて考えていたら、速くなったって？」
——ローレン・クリステンセン『スピードトレーニング』

別の著作である『プリズナートレーニング外伝 監獄式ボディビルディン

グ』の中で、わたしは、神経学的抑制について説明している。わたしたちの体には、常識的に到達できると考えるレベルよりも、はるかに高レベルまで到達できる身体能力が備わっているとする考え方だ。では、なぜそこに到達できないのか？ それは、わたしたちの神経系には、自らを傷つけたり燃え尽きたりするのを防ぐため、持っている能力を故意に〝ブロック〟する働きがあるからだ。しかし、心を介せば、それら意識下のブロックをある程度まで取り除くことができる。超高速の動作を見たり、速く動作することを考えたりするだけで、スピードを出してもそれが実際には安全であることを、神経系に納得させることができるのだ。その結果、ブロックが取り除かれていく。

精神的なブロックを取り除くのだ！ 世界でもっとも速い人間を見ればいい。そして、その記録を〝感じる〟のだ——意識は、〝彼〟なのか〝あなた〟なのかは気づかない。稲妻のようなスピードで自分が動いている様を何度も想像する。そして、自分をダイナマイトだと思い描く——〝速い〟とか〝解き放たれる〟という言葉について考える。語彙の中から、〝のろい〟や〝錆びついた〟を追放する。スピードを受け入れるマインドセットを意識的に養うのだ。パフォーマンスを向上させたいなら、自分に対して〝遅い！〟とは絶対に言うな。〝もっと速くなれる！〟と言い聞かせるのだ。

何が起こるかって？ 思い通り、速くなるのだ。

BONUS SECTION 1　高度なスピードトレーニング コーチウェイドの10のトリック&ハック　　351

# LIGHTS OUT!
# 消灯!

　スピードを最大化する上でもっとも大切なのは、〝速くなるトレーニング〟をやり続ける、ことだ。奇妙な話でも秘教的な話でもない。効率的に体を動かす技術を学ばなければならないし、何度もレップを繰り返すことになる。しかし、一方で、自分が速い存在であるといつも意識し、可能な限り速く動こうとすることが大切になる。限界がないことを受け入れるのだ。

　伝説的なスピードスターであるブルース・リーを引用することで終わりにしたい。ブルースが主催したマーシャルアーツのセミナーに、パンチスピードを改善したいファンが参加した。そして、すばやくパンチを出す〝秘訣〟を教えてくれないかと、ブルースにしつこくつきまとった。

　ブルースは、彼を有名にした奇妙で示唆に富んだ表現を使って答えている。

　「速く打つだけだ」と。

# BONUS SECTION 2

## アニマルアジリティドリル
### ANIMAL AGILITY DRILLS

　ちょっと待った！ まだ話は終わっちゃいない。スピード、パワー、アジリティ能力をテーマにした自重力の本に珍しい動作が含まれていなかったら本物じゃない。アニマルアジリティドリルだ。

　この２つ目のボーナスセクションでは、10種類の動物の動きを紹介している。大部分は両手両足を使って這う動作になる。しかし、二足歩行で、あるいはぶら下がって行うエクササイズもある。動物の動きにはいろいろあるが、その大部分は、これらのエクササイズに少し手を加えたバリエーションになる（動作を自由に組み合わせて、新種の動物をつくるのも一興だ）。各ドリルは、前方、後方、横方向に向かうことで、筋肉の働かせ方が完全に異なるものになる。つまり、少なくとも30種類の動作がここにある。

　動物の動作を模倣することで、筋力と健康的な体をつくる。それは、新しい考え方ではない。この類の訓練は古代クンフーの動きにも確認できるが、たぶん、もっと古いものだろう。旧石器時代の洞窟壁画の中に、男が動物の姿を真似ているものがあるからだ。アニマルドリルは本物の「ワイルドカード」であり、パワートレーニングだけでなく、筋力トレーニングに加えるべきＸファクターになる。ジャンプ、プッシュアップ、プルアップなどのエクササイズには直線的な動きが多い。体が上がり、そして下がる、といった

**BONUS SECTION 2　アニマルアジリティドリル**　　353

具合に。一方、アニマルドリルには、体を左右非対称に動作させるものが多い。片方の脚や腕を先行させて体を横に向かせたり、ねじる力にさらしたりする。それが、体幹や腰帯／肩帯を縦横に走る小さな筋肉を発達させ、筋力を高め、動作を効率的なものにする。また、ケガをするリスクを減らすためにも役立つ。このタイプの動作は、全身にある筋肉の整合性と俊敏性を促すものにもなる。

アニマルドリルをワークアウトの途中に、1つ（または2つ。3つでも）放り込めば気分転換になるし、ワークアウトにバラエティを持ち込むことができる。ウォーミングアップやフィニッシュ動作としてもうまく機能するだろう。

レップを数えるのは難しいので、筋肉の動きや、伸長したり収縮したりする筋肉の動きに集中してほしい。いい感じに体が温かくなるまでやるだけだ。経験的に言えるのは、軽やかで弾力的な動きを保てる段階でやめることだ。持久力エクササイズではないからだ。疲れ果てて泣きたくなるまで、あるいは、死にたくなるまで続けるものではない。ジェリー・ルイスのチャリティ番組『レイバーディ・テレソン』じゃないんだから。

## ベアウォーク

初心者にとってもやりやすい両手両足歩行だ。脚は曲げてもいいが、腕をまっすぐに保ち、脊柱をあまり丸めずに尻を空中高く保つ。そのまま進め——それだけで、腕、腹筋、および胸を鍛える優れたトレーニングになる。前かがみになる姿勢が、ハムストリングス、臀部、脊柱にも負荷をかける。

## パンサーストーク

スパイダーマンクロールと呼ぶ男もいる。四つん這いになって身を沈め、膝を同じ側の肘に接触させながら、前方に向かって〝忍び寄る〟。この動作が「ラテラルチェーン」を活性化させる。可能であれば、尻を低い位置に保つ。手のひらとつま先を除く体全体を地に接触させることなく、できるだけ地に近づけてやることもできる。このバリエーションは、クロコダイルウォークと呼ばれることがある（写真下）。

### バリエーション：クロコダイルウォーク

### 犬のスプリント

　技術らしい技術はなく、自然に導かれてやるだけだ。子どもの頃、四つん這いになって走ったことがあるだろう。実は、あの動作がキラーエクササイズだったのだ。それを今やることになる。本当に速く走ろうとすれば、手が先行して脚が続く。体を伸ばし、脚で地を押す。それを繰り返す。体の片側が走りを導くだろう。犬が傾きながら全速力で走るときと似た感じになるはずだ。二足歩行してきた期間が長いにもかかわらず、このスタイルでもヒトは速く走ることができる。100メートル四足走行の世界記録は、いとうけんいちが出した15.71秒。そのタイムが二足走行で出ない者も多い。

## イナゴジャンプ

　全身を温めてくれるエクササイズ。脚を近づけたプッシュアップの姿勢になる。胸が地から10センチくらいのところにくるまで腕を曲げ、小さく跳ねて前方に着地する。可能なら、そのまま手のひらとつま先以外を地に触れさせずに、部屋を横断する。わかりにくいかもしれないが、実際にやれば理解できるだろう。このエクササイズは、他のキャリステニクス技術と同じようにインドで人気があった。インド人のヨギ、B.K.S アイアンガーが『ライト・オン・ヨガ』で言及したことで、60年代以降の西洋世界でも人気が出た。

## カニ歩き

仰向けになってやるため、重要度が高いドリルになる。このスタイルで〝歩く〟と、背中の筋肉、特に肩甲骨周りの筋肉を刺激するからだ。上腕三頭筋にも大きな負荷がかかる。上半身をまっすぐにし続けることが、体幹の筋肉に試練を課す。カニ歩きは、アニマルドリルが、前方、後方、横方向に向かえるものであることを思い出させてくれる——もちろん、斜め方向に向かうのも楽しい。それぞれの方向は、まったく異なった感覚をもたらす。より高度なバージョンは、ブリッジホールドしたままの〝カニ歩き〟だ。

## バリエーション：高度なカニ歩き

BONUS SECTION 2　アニマルアジリティドリル

**ダックウォーク**

　四つん這いではなく、二足で歩行する技術。できるだけ低くしゃがみ、その低い姿勢を保ったまま歩き廻る。股関節、大腿、膝、足首に〝筋緊張させたときの柔軟性〟をもたらす。とても価値が高いドリルであり、基本的なキャリステニクス（ディープスクワット）が、関節の可動性と健全性を改善する方法になることを教えてくれる。練習を積めばかなり速く歩けるようになる。

## カンガルーホップ

　ダックウォークの仲間といっていいドリルだ。深くしゃがみこんで歩くのではなく、その場、その場で小さくジャンプする。母指球を接地させることで、弾性を保つ。ハードにストレッチするには、かかとで着地する（右写真）。手を頭の後ろにつけて行えば、バランス感覚を磨く高度なバリエーションに変わる。タフすぎたら、ジャンプ間で地に手を置き、体を安定させる。

BONUS SECTION 2　アニマルアジリティドリル

## チンパンジースイング

　アニマルドリルは地を行くものばかりではない。木々の中を動き回っている動物も多い（雲梯で木渡りする子どももそんなもんだね）。その楽しさと利点を享受せよ。水平バーから垂れ下がってスイングすることが簡単なスタート地点になる。後方や前方、左右（写真）に体をスイングするだけ。斜めに、あるいは円を描くようにスイングしてもいい。今まで知らなかった上半身の筋肉を確認できる。

## コウモリフリップ

　木に足を引っ掛けてぶら下がるコウモリを見たことがあるだろうか？ 逆さまにぶら下がらなくてもいいが、そのアイデアだけを頂戴する。バーからぶら下がって、少し弾みをつけて膝を上げる。その弾みを使ってすばやく手をひっくり返してバーを握る。同じ弾みを使って手をもう一度ひっくり返してバーを握る。前腕、肘、肩の筋肉、さらに腹筋を刺激する瞬発的グリップワークになる（もっと多くのバリエーションを知りたかったら、『プリズナートレーニング2』のグリップトレーニングの章を参照してほしい）。

## モンキーターン

やや複雑なぶら下がり運動だ。片手でぶら下がることになるので、特にグリップと腕にある小さな筋肉に負荷がかかる。オーバーハンドグリップにした両手でバーを握り、片方の手を反転させる（アンダーハンドになる）。オーバーハンドグリップの方の手を離し、アンダーハンドグリップで握り直しながら後ろを向く。両手をオーバーハンドグリップに戻す。この行き来を繰り返す。このバージョンは水平バーを使うもの。大きなジャングルジムや雲梯を使えば、フリースタイルで行える。

# ACKNOWLEDGEMENTS 謝辞

　献辞の中で、わたしはジョン・デュ・ケインを〝フィットネス界最大の革新者〟と呼んだ。大げさに言ったわけではない。現代フィットネス界でもっとも注目されているテーマのトップ3が、断続的な断食、自重力でつくる筋力、ケトルベルトレーニングだからだ。オリ・ホフメクラーの画期的な『ウォーリアー・ダイエット』を出すことで、ジョンは〝断続的な断食〟をフィットネス界にもたらした。次に、パベル・サッソーリンとチームを組んで、ケトルベルをこの世界に紹介し、たくさんのモンスターを製造することになった。そして、彼が自重力革命の裏側にいる立役者であり、Progressive Calisthenics Certification（PCC）プロジェクトを設立したとしたら、なんという存在なのだろうか。彼が、世界に与えてくれたもののために、神よ、この男に祝福を。

　アルとダニーのカバドロ兄弟がモデルになってくれたことが、この本の価値を確かなものにした。実際、この作品はわたしと彼らのコラボレーションになった。彼らはわたしを励ましてくれるだけでなく、わたしが彼らに送った情報のすべてをより良いものにしてくれた。わたしより数十歳若いにもかかわらず、アルはこの本のアイデア段階からかかわり、かけがえのない指導やアドバイスを提供してくれた。このマニュアルの読者のほとんどは、彼らが無償で自重力の世界に貢献している事実に気づいていない。また、彼らの大成功は、フィットネスの世界に対するわたしの信頼を新たなものにしてくれている。わたしの生徒の一人が、わたしのことを「もう一人のカバドロ兄弟」と冗談めかして呼ぶことがあったが、それがわたしにとってどれほど意味があることかを彼らは知らない。ありがとう、兄弟たち。

　デレク・ブリガム。あなたは間違いなく最高のグラフィックデザイナーだ。何百もの画像、メモ、誤りを辛抱強く通り抜け、それを金塊に変えようとしてくれた。その努力を考えると、聖人の候補者に挙げるべき人だ。神のご加護を、ビッグD。この天才をチェックしてください：www.DBrigham.com

この本の写真監督はアル・カバドロだ。

オリジナル写真は、アル・カバドロ、ダニー・カバドロ、グレイス・メネンデス、アドレアンヌ・ハーベィ、マイケル・ポリート、ジョージ・プルイットによるもの。

274ページのフルキップをやっている紳士は、アルの相棒であるボブ・ロスチャイル

ドだ。こんなこともできるのだと鼓舞してくれる写真だ。ありがとう！

Chapter 7にあるひねりを入れたフリップイメージは、グラフィックデザイナーであるレイ・ダックラムの提供だ。アスリートはジェイコブ・ユング。レイ、ありがとう！ www.behance.net/raydak

Chapter 3にあるパルクールの画像は、マルコ・ゴメスに帰属し、トリミングされている。

Chapter11のパルクールの跳躍画像は、トニー・ヒゼットに帰属し、トリミングされている。

　この本を求めてくれたすべての『プリズナートレーニング』シリーズのファンに心から感謝したい。あなたたちがいなかったら、この本が日の目を見ることはなかった。私を信じてくれてありがとう。これは皆さんのための本だ。

　そして最後に。ジョー・ハーティゲン、あなたが教えてくれたすべてに感謝します。あなたの知恵を十分に表現できなかったことを許してほしい。

ポール・ウェイド

# ポール・ウェイド
## PAUL "COACH" WADE

元囚人にして、すべての自重筋トレの源流にあるキャリステニクス研究の第一人者。1979 年にサン・クエンティン州立刑務所に収監され、その後の 23 年間のうちの19 年間を、アンゴラ（別名ザ・ファーム）やマリオン（ザ・ヘルホール）など、アメリカでもっともタフな監獄の中で暮らす。

監獄でサバイブするため、肉体を極限まで強靭にするキャリステニクスを研究・実践、"コンビクト・コンディショニング・システム"として体系化。監獄内でエントレナドール（スペイン語で"コーチ"を意味する）と呼ばれるまでになる。自重筋トレの世界でバイブルとなった『プリズナートレーニング』シリーズは日米でベストセラーになっているが、その素顔は謎に包まれている。

# 山田雅久
## やまだ・まさひさ

医療ジャーナリスト、翻訳家。主な著書に『脳を老化させない食べ物』（主婦と生活社）、訳書に『脳を最適化する ブレインフィットネス完全ガイド』『圧倒的な強さを手に入れる究極の自重筋トレ プリズナートレーニング』『永遠の強さを手に入れる最凶の自重筋トレ プリズナートレーニング 超絶!! グリップ＆関節編』『プリズナートレーニング外伝 監獄式ボディビルディング』（ＣＣＣメディアハウス）、『フォックス先生の猫マッサージ』（洋泉社）などがある。

| | |
|---|---|
| カバーイラスト | 板垣恵介 |
| カバーデザイン | 渡邊民人（TYPEFACE） |
| 本文デザイン | 清水真理子（TYPEFACE） |
| 校正 | 円水社 |

爆発的な強さを手に入れる無敵の自重筋トレ

# プリズナートレーニング
## 実戦!!! スピード&瞬発力編

2019年11月10日 初　　版
2020年 1 月 9 日　初版第 2 刷

著　者　　ポール・ウェイド
訳　者　　山田雅久
発行者　　小林圭太
発行所　　株式会社CCCメディアハウス
　　　　　〒141-8205　東京都品川区上大崎3丁目1番1号
　　　　　電話　03-5436-5721（販売）
　　　　　　　　03-5436-5735（編集）
　　　　　http://books.cccmh.co.jp

印刷・製本　　豊国印刷株式会社

© Masahisa Yamada, 2019　Printed in Japan
ISBN978-4-484-19108-9

落丁・乱丁本はお取り替えいたします。
無断複写・転載を禁じます。